2019年
农业植物新品种保护发展报告

农业农村部植物新品种保护办公室
农 业 农 村 部 科 技 发 展 中 心 编

中国农业出版社
北 京

编审委员会

主　　任　张兴旺　杨雄年　杨礼胜

副 主 任　孙好勤　杨海生　陈彦宾

委　　员　储玉军　邹　奎　厉建萌　陶伟国　崔野韩　张新明　唐　浩
　　　　　陈　红　宋　敏

编写委员会

主　　编　杨礼胜　杨　扬　堵苑苑

副 主 编　闫东哲　邓　伟　邓　超　韩瑞玺　任欣欣

编写人员　（按姓氏笔画排序）

马莹雪　马海鸥　王　雨　王冬妹　王晨宇　牛叶青　田子沫
冯艳芳　刘　燕　刘春晖　刘雪景　许姣姣　许晓庆　孙　鑫
苏一钧　杨旭红　李红彦　李媛媛　肖　媛　吴　律　余子嘉
张　蝶　张凯淅　张海晶　张家华　庞雪兵　赵艳杰　贾静怡
郭天一　郭玉玺　郭春春　黄思思　彭惠莉　温　雯　雷　瀚
霍鹏升

目录

正文附图

正文附表

第一章　进展成效

一、品种权受理审查

2019年共受理农业植物新品种权申请7 032件，同比2018年增长44.87%，申请量再创新高，连续三年位居世界第一，申请总量达到33 803件。全年共授予农业植物新品种权2 288件，同比2018年增长14.97%，授权总量达到13 959件。继续参与良种重大科研联合攻关项目实施，全年共701个攻关项目品种进入受理审查。

全年共下达申请保护品种特异性、一致性、稳定性（DUS）集中测试任务6 300个品种，同比增长28.7%；提取测试繁殖材料2.4万余份；完成24个植物属种137个品种的现场考察，同比增长13.2%；审查测试报告3 851份，同比增长11.8%（图1），其中品种保护测试报告2 006份，委托测试报告1 845份，为品种授权、审定和登记提供有力的技术支撑。

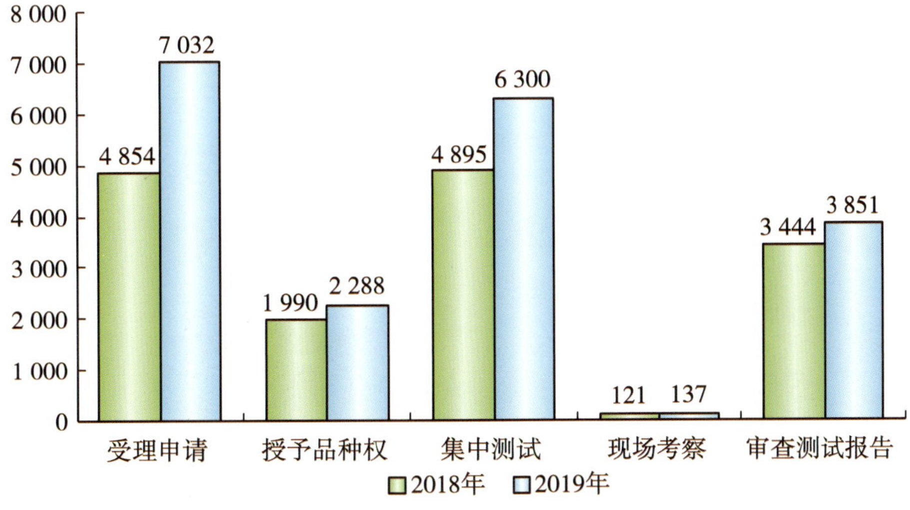

图1　2018年、2019年农业植物新品种保护数据比较图

二、品种权复审和法律服务

2019年收到植物新品种复审案件22件，同比降低24%；处理品种保护异议纠纷案件75件，同比增加63%，结案16件，结案率为14.5%。

三、体系建设

（一）法规制度建设

一是持续推进《植物新品种保护条例》修订。公布《植物新品种保护条例修订草案》（征求意见稿），广泛听取社会各界意见和建议，组织召开《条例》修订工作研讨会，收集整理并分析397条修改意见，形成《条例修订草案》（意见修订稿）。农业农村部第10次部常务会审议通过《条例修订草案》（意见修订稿）后，呈报国务院。二是发布《农业植物新品种保护第十一批名录》和《第十一批保护名录测试繁殖材料质量和数量要求》，涉及甜菜、可可共53个农业植物属种，受保护农业植物属种共计191个。三是开展《农业农村部植物新品种复审委员会审理规定》修订，完善复审流程；配合最高人民法院推动《最高人民法院关于审理植物新品种纠纷案件若干问题的解释》《最高人民法院关于审理植物新品种权纠纷案件具体应用法律问题的若干规定》修订。四是开展实施实质性派生品种制度试点。以水稻作为试点，组织江汉大学起草《水稻实质性派生品种鉴定 MNP法》，确定了阈值范围并在水稻联合攻关组内推进实施。

（二）测试体系建设

一是推进国家植物品种测试中心（徐州）建设，编制《国家植物品种测试中心（徐州）项目建设可行性研究报告》，总投资匡算1.52亿元。二是启动建立我国农业植物新品种DUS测试体系质量管理体系，成立质量控制小组，组织开展对27家测试分中心现场评估，全面

图2 2019年农业植物品种DUS测试工作会议在广东广州召开

提升测试分中心软硬件条件及管理质量。三是开展测试中心检测机构质量能力考核工作，T20—2019轮能力验证结果均合格。开展菜豆、小豆和芥菜品种鉴定分子技术标准制订，其中《菜豆品种鉴定 SSR分子标记法》标准完成第三方验证（表1）。四是组织审定测试指南39个，发布农业行业标准12个。《水稻等五种主要农作物DUS测试技术标准和数据库建立及应用》成果获神农中华农业科技奖二等奖。五是在广州召开农业植物品种DUS测试工作会议（图2），总结2018年工作，部署2019年工作；在重庆召开DUS测试技术委员会年会，确定了新一届委员和技术工作组负责人，制订《DUS测试技术委员会章程》，成立工具创新组，顺利完成换届。

表1　2019年审定通过的DUS测试指南和农业行业标准

序号	指南/标准
1	植物品种特异性、一致性和稳定性测试指南 鹤望兰
2	植物品种特异性、一致性和稳定性测试指南 菠菜
3	植物品种特异性、一致性和稳定性测试指南 朱顶红属
4	植物品种特异性、一致性和稳定性测试指南 蕹菜
5	植物品种特异性、一致性和稳定性测试指南 玉簪属
6	中华猕猴桃品种鉴定标准 SSR分子标记法
7	葡萄品种鉴定标准 SSR分子标记法
8	桃品种鉴定标准 SSR分子标记法
9	甜樱桃品种鉴定 SSR分子标记法
10	植物品种特异性、一致性和稳定性测试指南 羊肚菌
11	植物品种特异性、一致性和稳定性测试指南 苋菜
12	植物品种特异性、一致性和稳定性测试指南 茎用莴苣
13	植物品种特异性、一致性和稳定性测试指南 毛头鬼伞
14	植物品种特异性、一致性和稳定性测试指南 蜀葵
15	植物品种特异性、一致性和稳定性测试指南 毛木耳
16	植物品种特异性、一致性和稳定性测试指南 滇黄精
17	植物品种特异性、一致性和稳定性测试指南 白芨属
18	植物品种特异性、一致性和稳定性测试指南 冬寒菜
19	植物品种特异性、一致性和稳定性测试指南 蒌蒿
20	植物品种特异性、一致性和稳定性测试指南 金线莲
21	植物品种特异性、一致性和稳定性测试指南 益智
22	植物品种特异性、一致性和稳定性测试指南 襄荷
23	植物品种特异性、一致性和稳定性测试指南 菱

（续）

序号	指南/标准
24	植物品种特异性、一致性和稳定性测试指南 艾纳香
25	植物品种特异性、一致性和稳定性测试指南 黄草乌
26	植物品种特异性、一致性和稳定性测试指南 葫芦
27	植物品种特异性、一致性和稳定性测试指南 落葵
28	植物品种特异性、一致性和稳定性测试指南 芫荽
29	植物品种特异性、一致性和稳定性测试指南 空气凤梨
30	植物品种特异性、一致性和稳定性测试指南 冰叶日中花
31	植物品种特异性、一致性和稳定性测试指南 绣球
32	植物品种特异性、一致性和稳定性测试指南 玉蝉花
33	植物品种特异性、一致性和稳定性测试指南 鼠尾草属
34	植物品种特异性、一致性和稳定性测试指南 苏丹草
35	植物品种特异性、一致性和稳定性测试指南 大花马齿苋
36	植物品种特异性、一致性和稳定性测试指南 美人蕉
37	植物品种特异性、一致性和稳定性测试指南 番石榴
38	植物品种特异性、一致性和稳定性测试指南 瓜叶菊
39	植物品种特异性、一致性和稳定性测试指南 矾根属

（三）信息化平台建设

一是启用新版农业品种权申请系统（图3），实现品种权申请到领证全流程、一站式在线办理。启用植物品种权审查信息管理系统2.0版（图4），提高审查质量和效率，深度融合中国种业大数据平台，完成办公系统与平台数据对接，加强信息公开。全面升级委托测试在线申请与管理系统。二是参与《农作物数字种业描述规范》标准制订。三是完成现场考察模块设计，起草测试技术标准需求分析，完善77项功能。

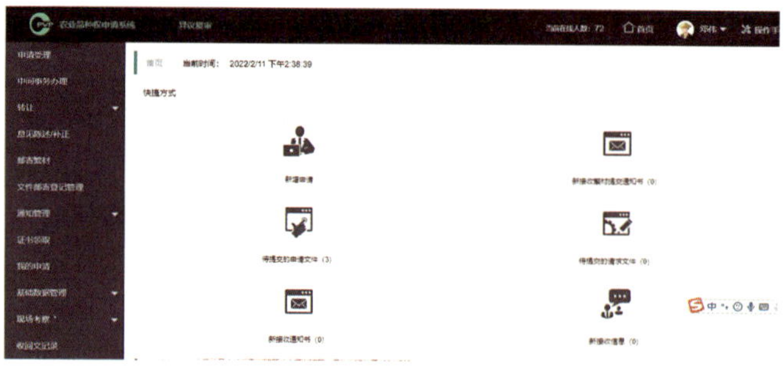

图3 新版农业品种权申请系统

图4 植物品种权审查信息管理系统2.0版

（四）行业协会建设

1. 中国种子协会植物新品种保护专业委员会

一是协助中国种子协会筹备2019年中国种子大会种业创新与知识产权保护论坛等相关工作，并做《农业植物新品种保护十大典型案例解析》专题报告。二是4月中国种子协会植物新品种保护专业委员会（以下简称专业委员会）召开第一届主任委员办公会第三次会议，报告2018年主要工作，部署2019年计划。在北京召开2019年年会暨我国加入UPOV20周年座谈会。参与推动在水稻良种联合攻关组内开展试点工作开展；在北京召开植物新品种保护专业委员会（图5），2019年DUS测试技术研讨会（图6），研究DUS测试技术质量管理等问题；完成印度、菲律宾、哈萨克斯坦、孟加拉国、巴基斯坦等5个国家的《种业和植物新品种保护政策与实务指南》（“一国一册”）的编制工作（图7），建立完善的海外申请、维权相关服务体系，助力我国种业引进来和走出去；在陕西杨凌举办2019年第二届“一带一路”国家新品种保护与种业发展培训班（图8）。

图5　植物新品种保护专业委员会主任委员办公会会议在北京召开

图6　植物新品种保护专业委员会2019年DUS测试技术研讨会在北京召开

图7　编制的印度等5国《种业和植物新品种保护政策与实务指南》

图8　在陕西杨凌举办2019年第二届“一带一路”国家新品种保护与种业发展培训班

2. 中国农业科技管理研究会植物新品种保护工作委员会

在海南海口举办第十一届全国农业知识产权论坛（图9），发布《中国农业知识产权创造指数报告（2019年）》《2018年农业植物新品种保护发展报告》《农业植物新品种保护十大典型案例》，对明星育种科研单位、企业、个人进行授牌，邀请10余位行业专家就农业科技与知识产权保护做主题演讲，进一步提升社会对农业知识产权保护和利用的意识。

图9　第十一届全国农业知识产权论坛在海南海口举办

四、宣传培训

（一）信息宣传

一是拍摄《砥砺前行20年——植物新品种保护在中国》宣传片、编辑出版《中国农业植物新品种保护20年》宣传画册，在北京举办中国加入UPOV20周年系列活动，期间，经中央电视台新闻频道、农业频道、新华社、人民网、农民日报、农财宝典等媒体报道，总转发量逾5 000多万条，网络直播观看会议人数超5.5万。其中，央视新闻频道的《新闻直播间》以“农业植物新品种年申请量位居世界第一”为题的报道（图10），转发量达1 730万条。二是开展全国农业植物新品种保护先进表彰（图11），表彰先进单位50个，先进个人100名，制作《新时代　新楷模　新作为——全国农业植物新品种保护先进集体和先进个人表彰》宣传片。三是发布2019年《农业植物新品种保护十大典型案例》，完成《农业植物新品种保护20周年效果评估》，编辑出版《2018年植物新品种保护发展报告》《中国农业植物新品种保护20年》宣传画册、6期《农业植物新品种保护公报》（图12）。四是在全国范围内开展种业领域执法普法典型经验宣传活动，征集并遴选出吉林公主岭等8个基层典型，在《农民日报》开辟专栏刊发。五是规范“农业农村部植物新品种测试中心”微信公众号运维，推送图文88篇，关注人数逾3 300人，阅读超13.1万人次。

图10　央视新闻频道报道农业植物新品种申请情况

图11　农业农村部表彰全国农业植物新品种保护先进集体和先进个人

图12　发展报告、宣传画册、公报

（二）人员培训

一是全年共举办品种保护理论和测试技术类培训班常规培训12期（图13），培训学员近千人次，学员覆盖全国种业管理体系人员、种子企业、高校、科研院所。二是扩展培训新渠道，举办首届农业大中专院校DUS测试技术师资培训，为在农业高校开办相关课程奠定基础。三是鼓励青年交流，在辽宁锦州召开第二届DUS青年论坛，创新会议组织形式，丰富论坛内容，首次组织DUS创新工具展。举办出国报告专题交流会，跟踪国际动态。

图13　举办各类理论与技术培训班

（三）品种展示

一是深入张家口市赤城县，联合县农牧局、龙头企业组织开展优秀蔬菜品种展示示范，帮助赤城引进一批绿色、优质、综合性状良好的蔬菜品种，同时配套科学栽培管理技术，以良种更新、技术配套带动赤城特色产业脱贫。组织编写高栅子村乡村振兴规划，助力对口扶贫和乡村振兴战略实施。二是委托天津市种业行业协会举办春季蔬菜新品种展示，展示天津和国内外蔬菜种业发展的最新成果，将优质种子推向全国乃至世界。三是依托江苏徐淮地区徐州农业科学研究所开展马铃薯、甘薯、水稻、大豆、菊花等优良品种集中展示示范活动，筛选适宜当地种植品种，帮助农民选种用种，促进新品种推广与利用（图14）。

图14　品种展示助力扶贫攻坚

五、能力提升和维权执法

一是发布2019年《农业植物新品种保护十大典型案例》（图15），被《中国知识产权报》《学习强国》《农民日报》等多家媒体报道。累计转载量已逾741万次。二是为引导植物新品种权正确维权执法，强化品种权维权执法力度，在甘肃张掖组织召开全国农作物种子打假维权现场活动并进行广泛宣传（图16），对违法侵权行为形成强大的震慑，推动营造种业公平竞争的环境。三是围绕品种权行政和司法执法中的问题组织专家梳理问题清单，针对问题清单赴湖南、海南开展联合调研（图17），就进一步提高品种权执法能力提供对策。

图15　发布农业植物新品种保护十大典型案例

图16　在甘肃张掖举办全国农作物种子打假维权活动

图17　农业农村部联合最高人民法院知识产权法庭赴湖南调研

六、国际合作与交流

一是4月22—26日在北京组织举办系列活动，包括中国加入UPOV20周年座谈会（图18～图20）和植物新品种保护工作研讨会（图21、图22）2个会议，中欧植物新品种保护暨IP Key项目专家研讨会等国际会议（图23），中国—阿根廷种业分委会第5次会议以及与UPOV、欧盟、日本、德国、韩国植物新品种保护官方机构等6个外事会谈（图24～图28）。最高人民法院、司法部、国家知识产权局、国家林草局等部门以及19个国家或国际组织共300多名代表参会。其中，农业农村部张桃林副部长出席“中国加入国际植物新品种保护公约20周年座谈会”并作主旨发言。中国植物新品种保护事业发展赢得各国代表的赞誉，UPOV副秘书长彼得·巴顿先生表示，中国已经成为UPOV成员的典范，为感谢中国做出的卓越成绩，UPOV特别出版了一本书——《中国加入国际植物新品种保护公约20周年》，涵盖了中国20年来作为UPOV成员“里程碑式”的事件，赠予我国政府（图29）；举办第12次东亚植物新品种保护论坛年会、植物新品种保护国际研讨会（图30、图31）和中国—阿根廷第5次种子分委会会议（图32）。二是积极履行国际义务，在浙江杭州举办UPOV第37届自动化和计算机程序技术工作组（TWC）会议和第18届生物化学和分子生物学技术工作组（BMT）会议（图33），派员参加UPOV系列会议和论坛，选派中国代表赴UPOV秘书处工作，加强与国际组织联系。三是我国专家首次当选UPOV理事会副主席（图34），为更多参与国际事务、提高我国国际影响力提供有利条件。

图18 中国加入国际植物新品种保护公约20周年座谈会在北京召开

图19 农业农村部种业管理司张延秋司长宣布座谈会开幕

图20 农业农村部张桃林副部长在座谈会上作主旨报告

图21 植物新品种保护国际研讨会在北京召开

图22 农业农村部科技发展中心杨雄年主任主持研讨会

图23　中欧植物新品种保护暨IP Key项目专家研讨会在北京召开

图24　与国际植物新品种保护办公室在北京开展双边座谈

图25　与欧盟植物新品种保护办公室在北京开展双边座谈

图26　与德国联邦植物新品种保护办公室在北京开展双边座谈

图27　与日本植物新品种保护办公室在北京开展双边座谈

图28　与韩国种子和品种管理中心在北京开展双边座谈

图29 农业农村部科技发展中心杨雄年主任代表农业农村部植物新品种保护办公室接受国际植物新品种保护联盟彼得·巴顿副秘书长的赠书

图30 第12次东亚植物新品种保护论坛年会在北京召开

图31 中方代表团在会上发言

图32 中国—阿根廷种子分委会第5次会议在北京召开

图33 在浙江杭州举办国际植物新品种保护联盟第37届TWC会议和第18届BMT会议

图34 参加国际植物新品种保护联盟系列年会，崔野韩博士当选UPOV理事会副主席

第二章　申请授权情况

1999—2019年，农业植物新品种权申请量、授权量总体呈现增长趋势（图35）。2019年度申请量为7 032件，年度申请量连续三年位居UPOV成员第一位，同比去年增加2 178件，增幅达44.87%，累计申请量达33 803件；年度授权量为2 288件，同比去年增加298件，增幅达14.97%，累计授权量达13 959件。

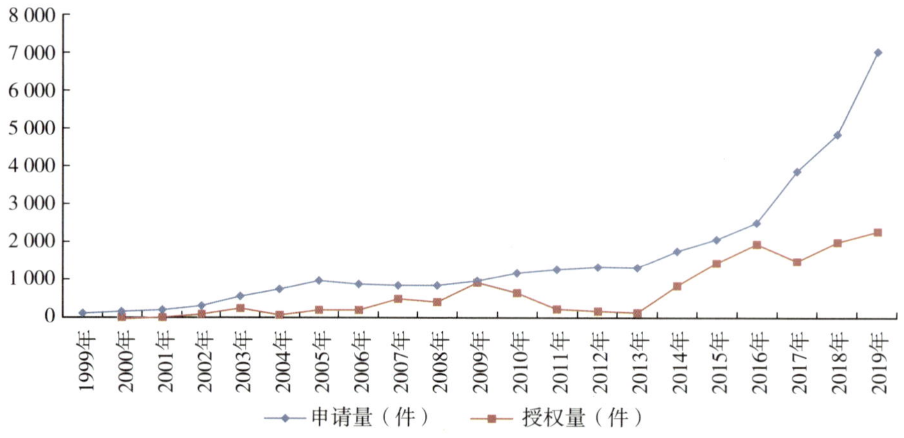

图35　1999—2019年品种权申请量和授权量变化图

一、作物种类申请授权情况

（一）累计申请授权情况

1999—2019年，各类作物的申请量也保持逐年递增（图36）。农业植物新品种权申请总量仍以大田作物为主，共26 163件，占比高达77.40%；其次为蔬菜3 439件，占10.17%；花卉2 490件，占7.37%；果树1 207件，占3.57%；其他包括茶组、食用菌、中草药等共473件，占1.40%；牧草31件，占0.09%（图37）。说明我国育种优势集中在大田作物，牧草等育种水平相对较低，育成品种较少。

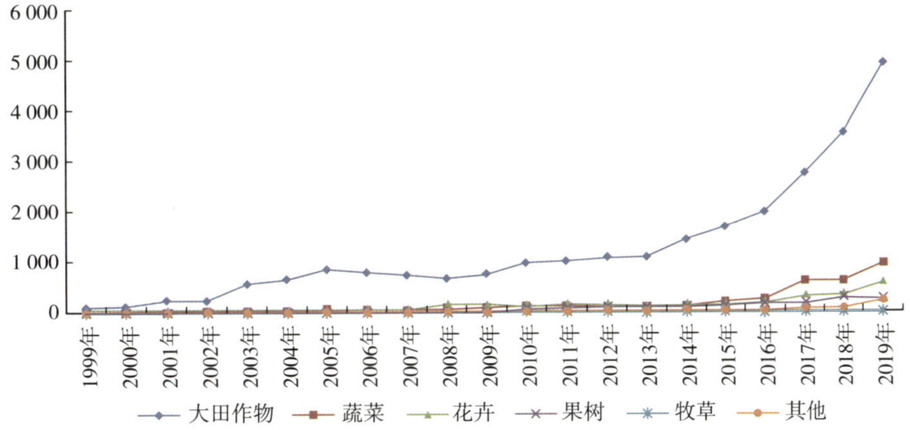

图36　1999—2019年不同作物种类年度申请量变化图

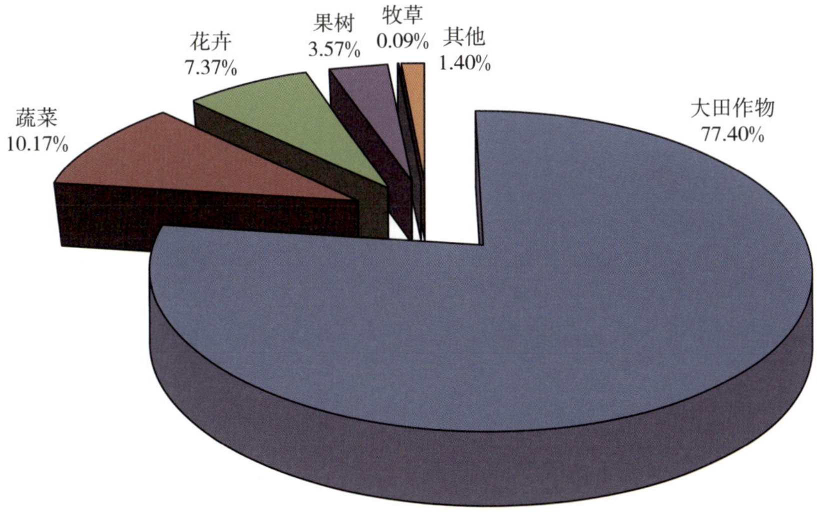

图37　1999—2019年不同作物种类申请总量分布图

1999—2019年，各类作物的授权量与总授权量变化基本保持趋势一致（图38）。农业植物新品种权授权总量也以大田作物为主，共11 518件，占比高达82.51%；其次为花卉969件，占6.94%；蔬菜885件，占6.34%；果树496件，占3.55%；其他86件，占0.62%；牧草5件，占0.04%（图39）。

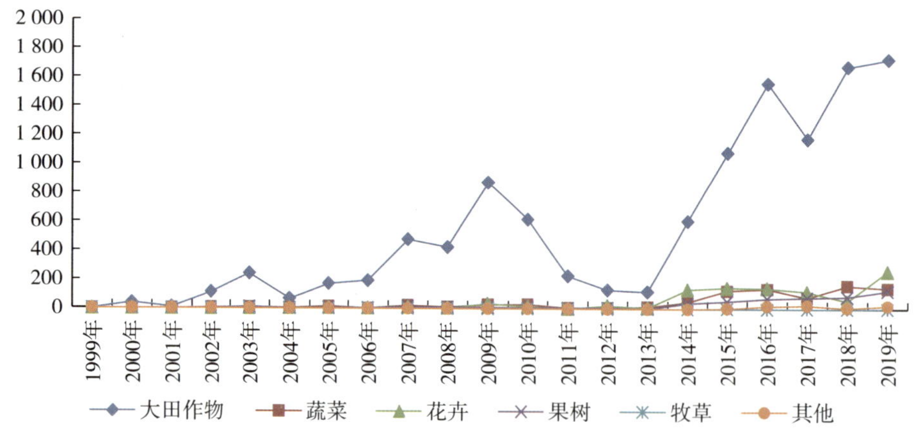

图38　1999—2019年不同作物种类年度授权量变化图

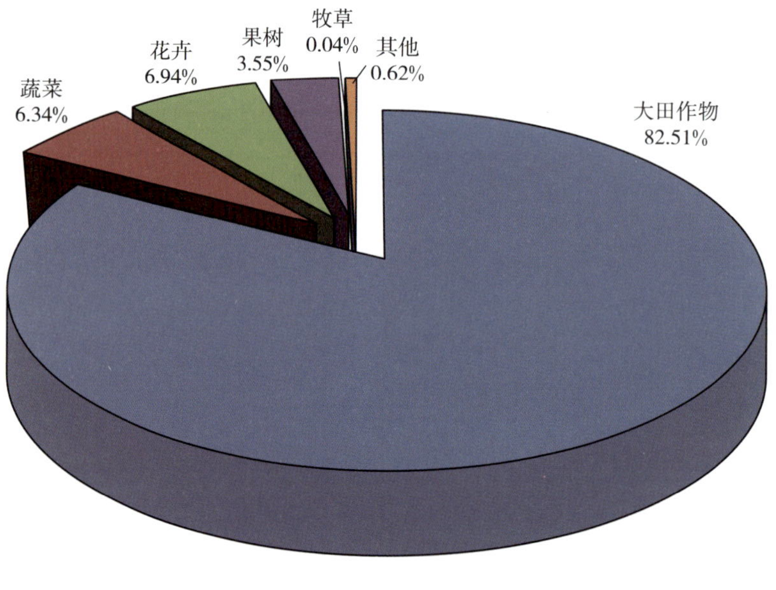

图39　1999—2019年不同作物种类授权总量分布图

（二）2019年申请授权情况

2019年，大田作物品种申请4 963件，在年度申请量中占70.58%，同比降低了2.33个百分点；蔬菜品种申请992件，占14.11%，同比增加了1.11个百分点；花卉品种申请607件，占8.63%，同比增加了1.65个百分点；果树品种申请237件，占3.37%，同比增加了2.03个百分点；牧草品种申请7件，占0.10%；其他作物品种申请226件，占3.21%（图40）。说明蔬菜、花卉新品种正在不断涌现。

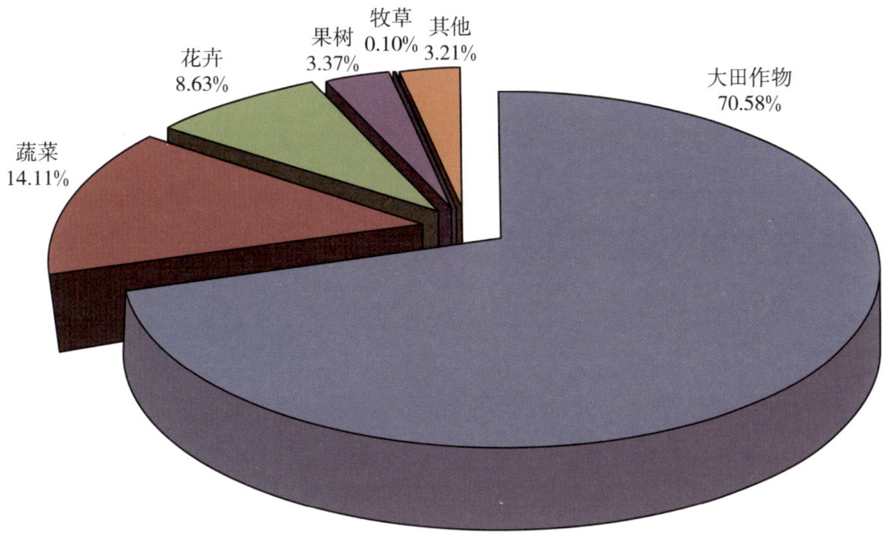

图40　2019年不同作物种类申请量分布图

2019年，大田作物品种授权1 727件，在年度授权量中占75.48%，同比降低了8.74个百分点；花卉品种授权262件，占11.45%，同比去年增加了376.36%；蔬菜品种授权176件，占7.69%，同比降低了0.5个百分点；果树品种授权97件，占4.24%，同比去年降低了0.08个百分点；其他品种授权24件，占1.05%，同比去年增加了0.6个百分点；牧草品种授权2件，占0.09%（图41）。

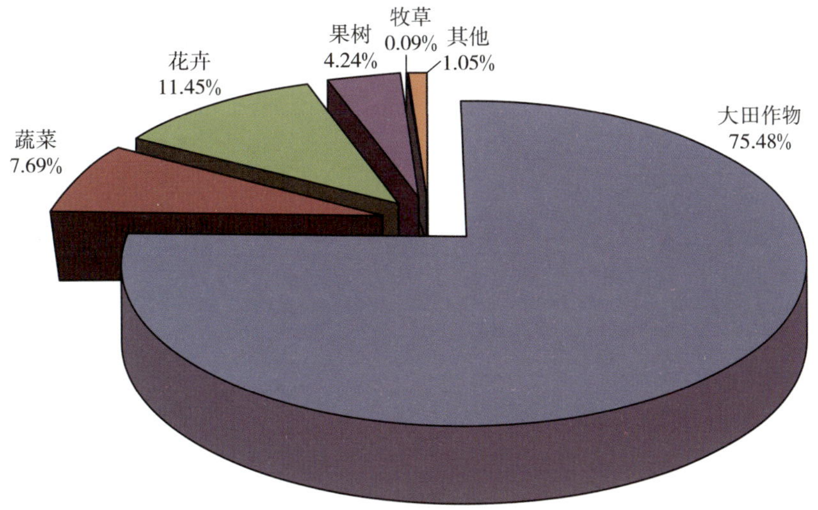

图41　2019年不同作物种类授权量分布图

二、国内申请主体和品种权主体情况

（一）地区分析

1999—2019年，来自国内主体的农业植物新品种权申请在地区间分布不均匀。其中，北京市申请3 535件，位居各省市之首，占国内申请总量的11.20%，其次为河南省申请3 007件，占9.52%。此外，山东省和黑龙江省的申请量均在2 000件以上（图42）。

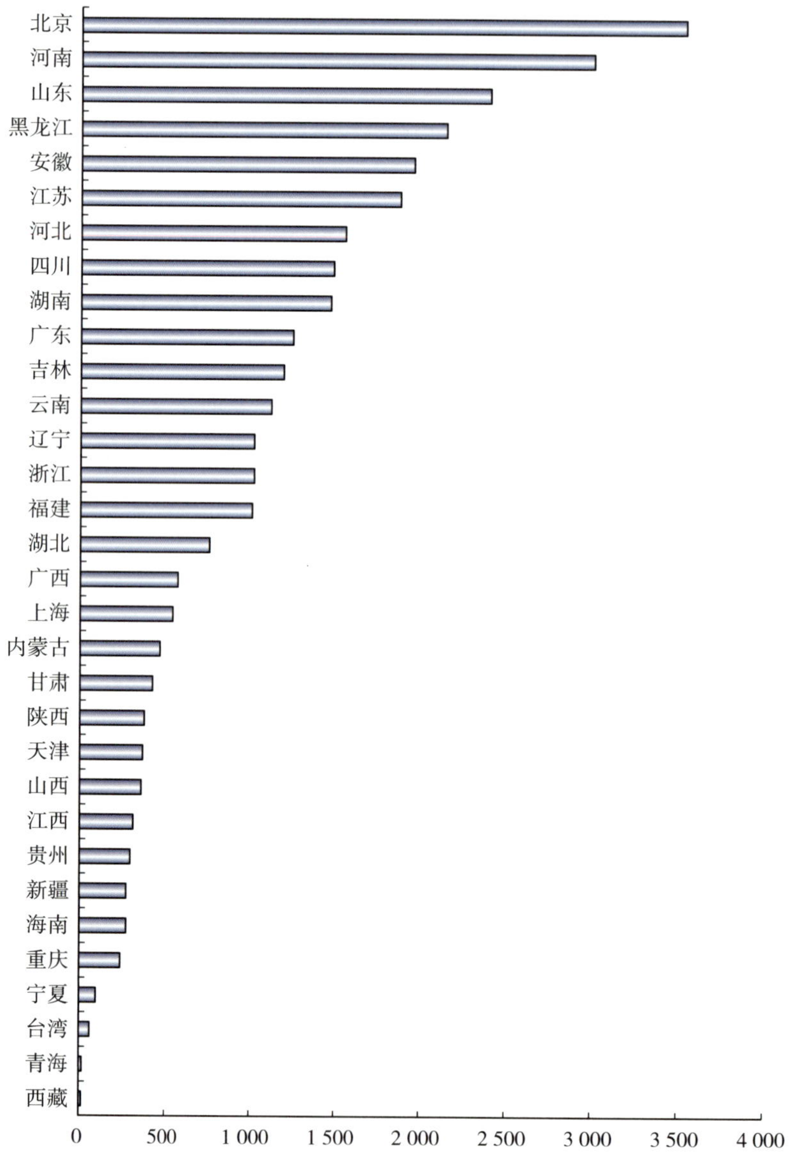

图42　1999—2019年国内申请总量地区分布图

1999—2019年，国内主体获得的农业植物新品种权授权中，北京市以1 409件位居首位，占国内授权总量的10.72%，其次为河南省获得授权1 119件，占8.51%。此外，山东省、江苏省和黑龙江省获得授权量均在900件以上（图43）。

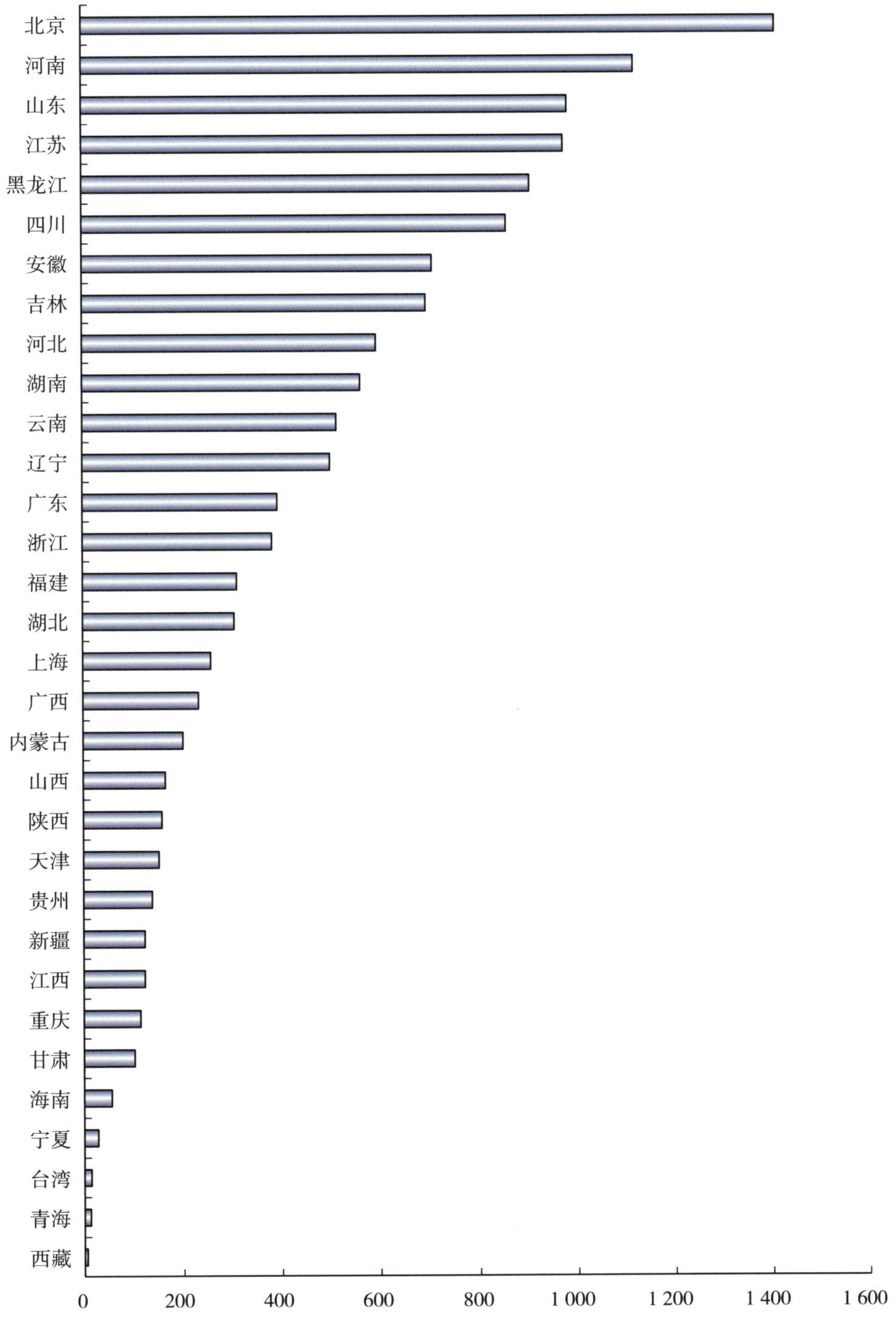

图43　1999—2019年国内授权总量地区分布图

2019年，来自国内主体的农业植物新品种权申请以河南省最多，达738件，占11.11%，其次为北京市，申请615件，占9.26%。山东省、安徽省、黑龙江省和河北省的申请量均在400件以上（图44）。

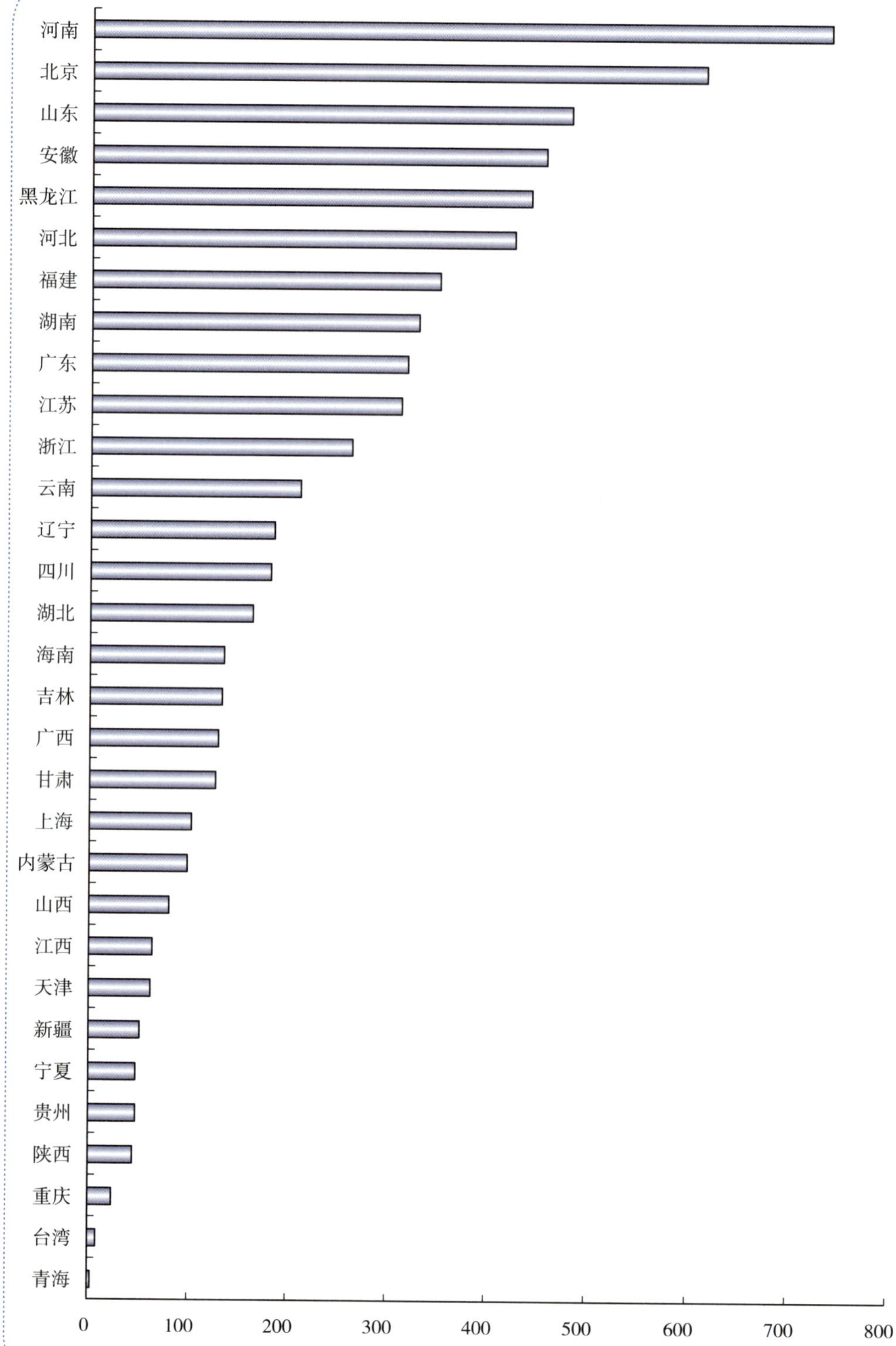

图44 2019年国内申请量地区分布图

2019年，国内主体获得的授权品种中，北京市以265件位居各地区之首，占12.88%；河南省以244件的授权量位居第二位，占国内授权总量的11.86%。此外，黑龙江省和江苏省获得品种权数量均在160件以上（图45）。

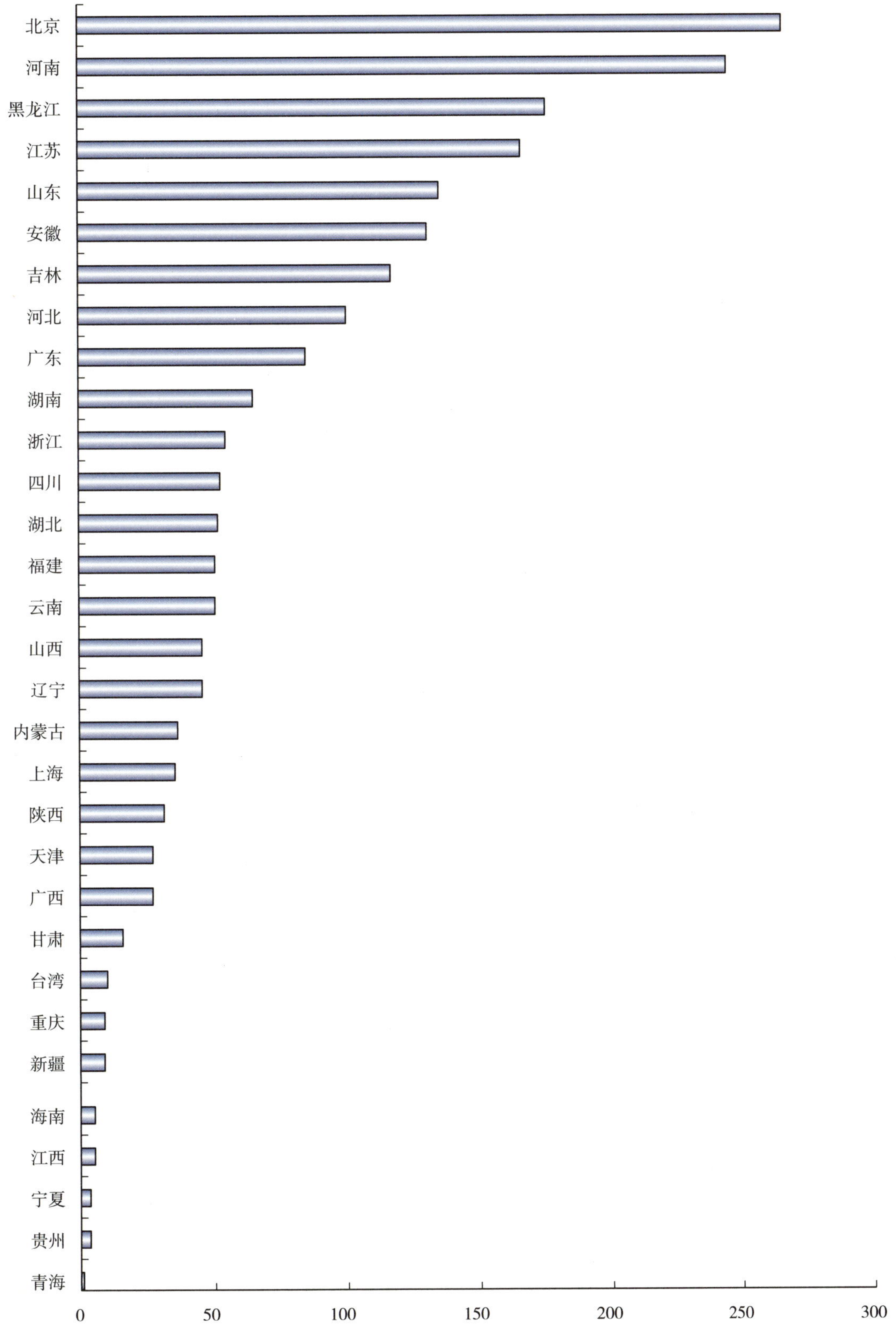

图45　2019年国内授权量地区分布图

（二）主体性质分析

1999—2019年，共有31 575件农业植物新品种权申请来自国内申请主体，其中以企业和科研单位为主，分别为15 408件和12 416件，分别占48.80%和39.32%。来自教学单位的品种权申请2 362件，占7.48%；来自个人的品种权申请1 389件，占4.40%（图46）。

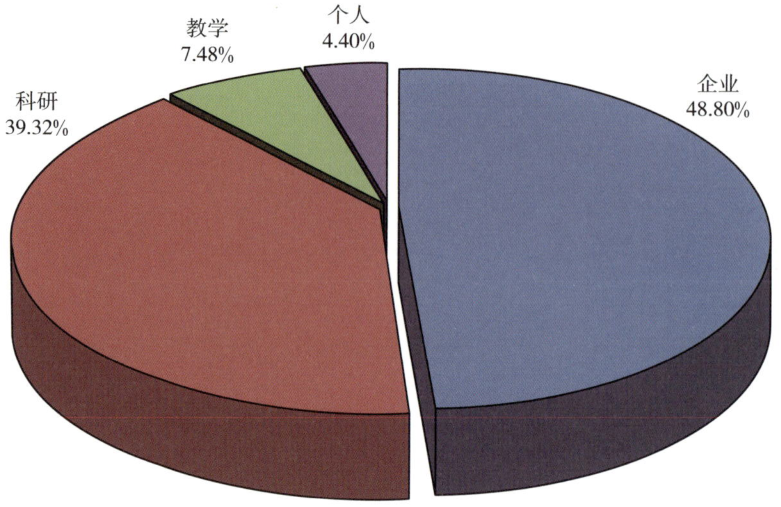

图46　1999—2019年国内不同申请主体申请总量分布图

1999—2019年，国内品种权主体共获得授权13 142件，其中科研单位获得授权6 001件，占45.66%；企业获得授权5 575件，占42.42%；教学单位获得授权1 076件，占8.19%；个人获得授权490件，占3.73%（图47）。

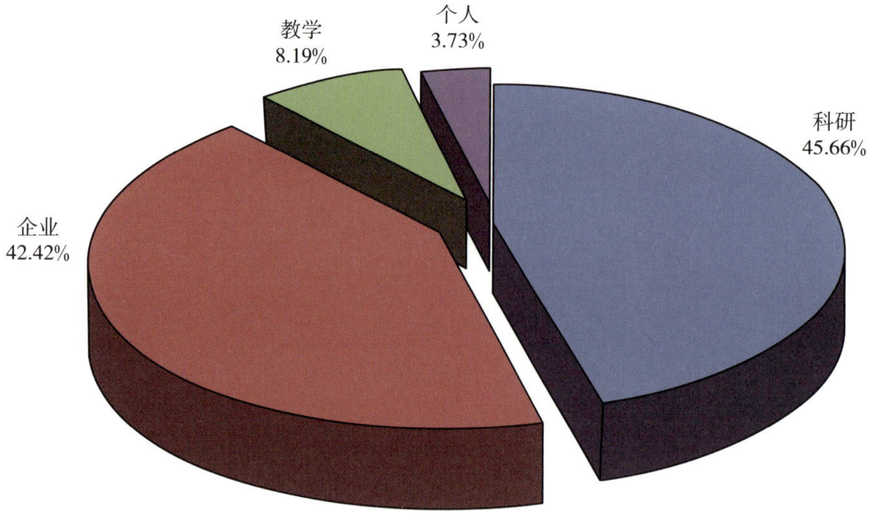

图47　1999—2019年国内不同品种权主体授权总量分布图

2019年，共有6 643件农业植物新品种权申请来自国内申请主体，其中国内企业申请量继续保持高速增长态势，达3 649件，占54.93%；科研单位申请2 258件，占33.99%；教学单位申请449件，占6.76%；个人申请287件，占4.32%（图48、图49）。自《国务院关于加快推进现代农作物种业发展的意见》（国发〔2011〕8号）发布以来，企业申请量已连续9年超过科研单位，育种创新主体的地位逐渐显现。

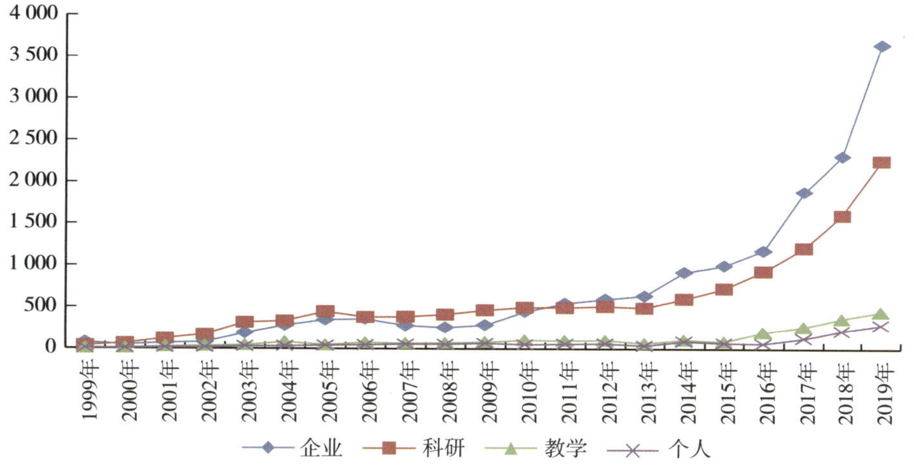

图48 1999—2019年国内不同申请主体年度趋势图

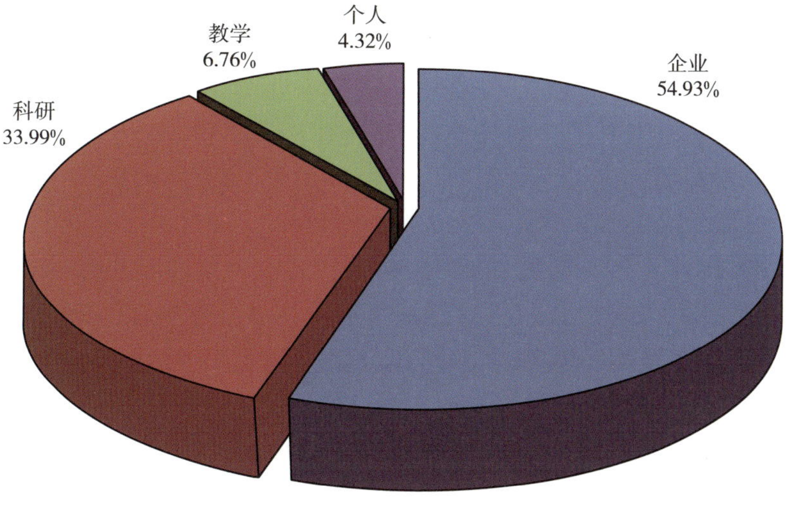

图49 2019年国内不同申请主体申请量分布图

2019年，国内品种权主体共获得授权2 057件，其中企业获得授权1 107件，占53.82%；科研单位获得授权724件，占35.20%；教学单位获得授权179件，占8.70%；个人获得授权47件，占2.28%（图50）。

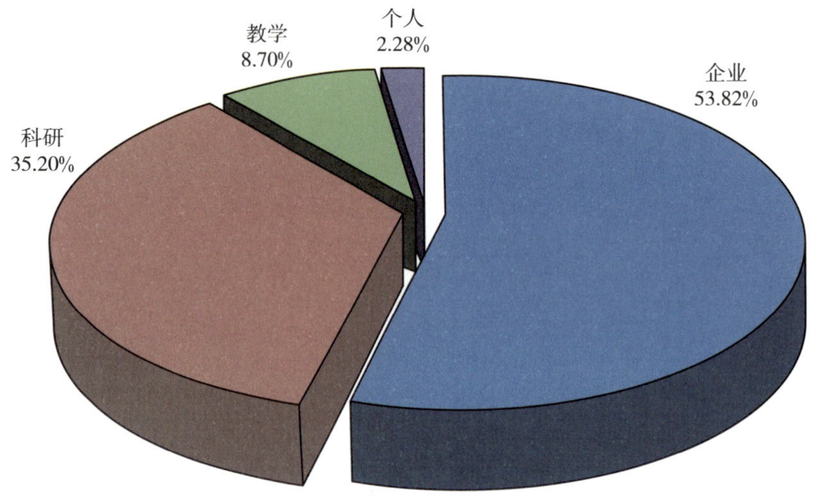

图50　2019年国内不同品种权主体授权量分布图

三、国外申请主体和品种权主体情况

（一）国别分析

1999—2019年，来自国外主体的品种权申请共计2 228件，占申请总量的6.59%（其他接受国外申请情况参见第四章），涉及21个国家。其中，荷兰申请698件，位居各国之首，占31.33%，其次为美国申请661件，占29.67%（图51）。

1999—2019年，国外主体累计获得品种权授权817件，占总授权量的5.85%。其中，荷兰获得授权325件，位居各国之首，占39.78%，其次为美国获得授权250件，占30.60%（图52）。

2019年，国外主体共申请品种权389件，占年度申请量的5.53%，涉及13个国家。其中，荷兰以126件申请位居各国之首，占32.39%；其次为美国申请106件，占27.25%（图53）。

2019年，国外主体共获得品种权授权231件，占年度授权量的10.10%。其中，美国以92件位居各国之首，占39.83%；荷兰72件，占31.17%（图54）。

（二）主体性质分析

1999—2019年，国外申请主体中大多数为企业，共申请2 058件，占比高达92.37%；科研单位申请93件，占4.17%；教学单位申请40件，占1.80%；个人申请37件，占1.66%（图55）。

2019年，国外申请主体仍然以企业为主，共申请363件，占93.32%；科研单位申请21件，占5.40%；教学单位申请2件，占0.51%；个人申请3件，占0.77%（图56）。

（三）作物种类分析

1999—2019年，来自国外申请主体的品种权申请总量以大田作物和花卉为主，其中，大田作物888件，占39.86%；花卉791件，比35.50%；果树338件，占15.17%；蔬菜186件，占8.35%；其他24件，占1.08%；牧草1件，占0.04%（图57）。

2019年，国外申请的作物种类以大田作物为主，其中，大田作物176件，占45.24%；花卉145件，占37.28%；果树37件，占9.51%；蔬菜17件，占4.37%；其他13件，占3.34%；牧草1件，占0.26%（图58）。

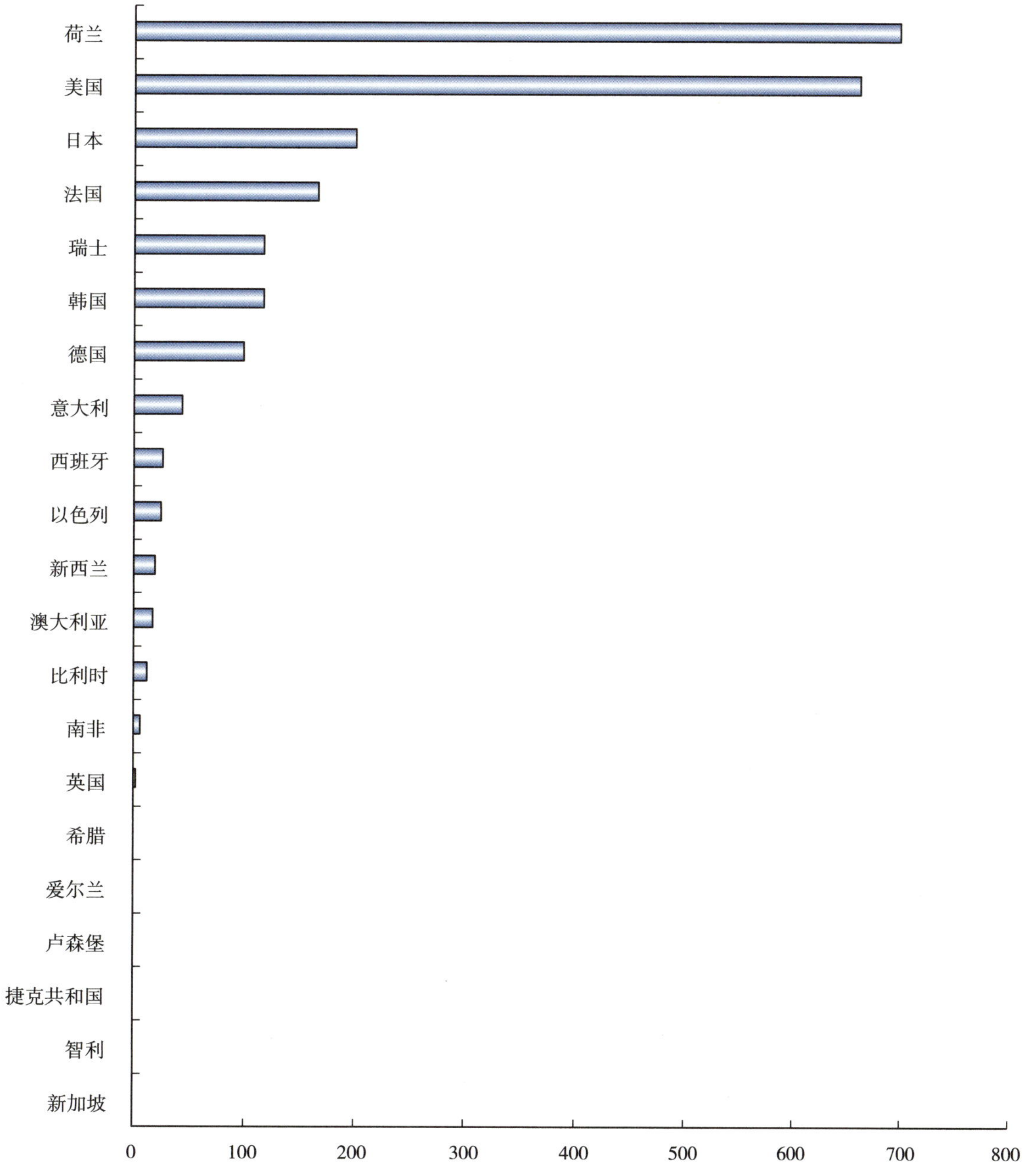

图51　1999—2019年国外申请主体国家分布图

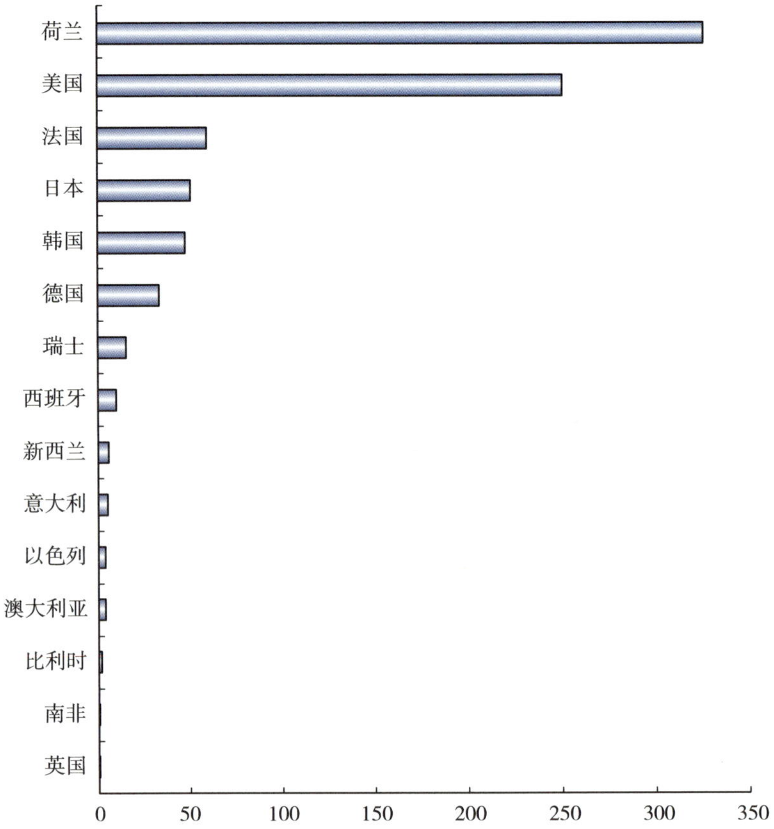

图52　1999—2019年国外品种权主体国家分布图

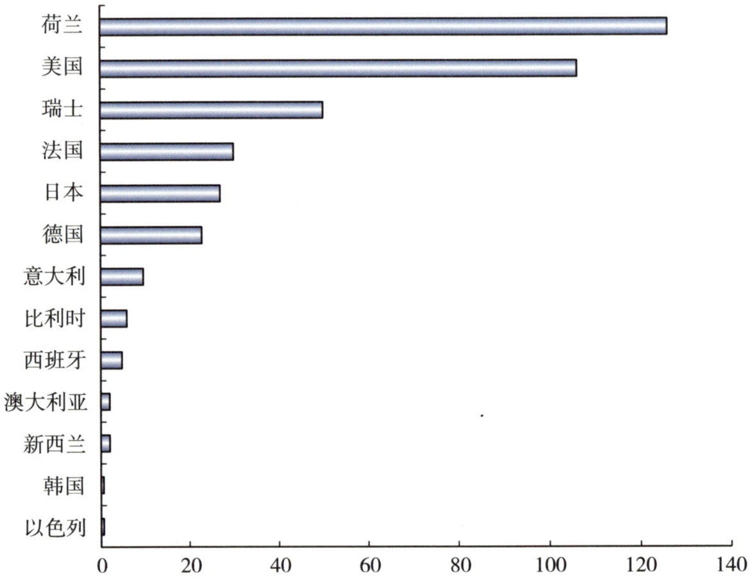

图53　2019年国外申请主体国家分布图

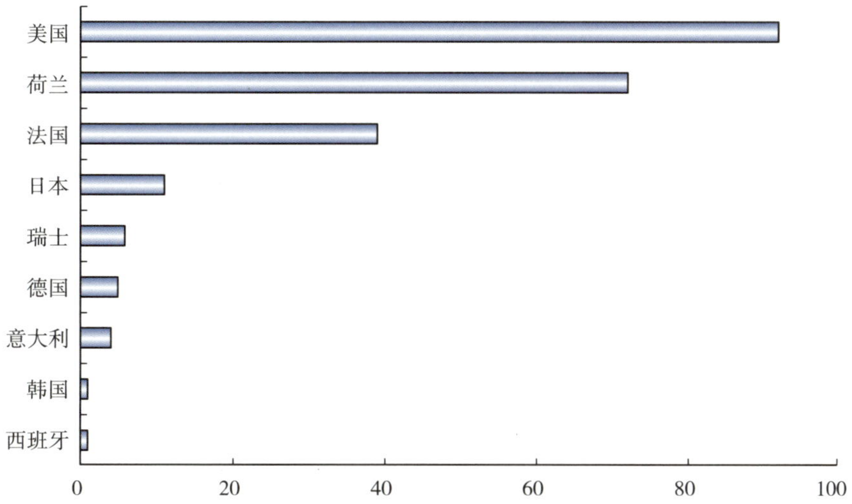

图54 2019年国外品种权主体国家分布图

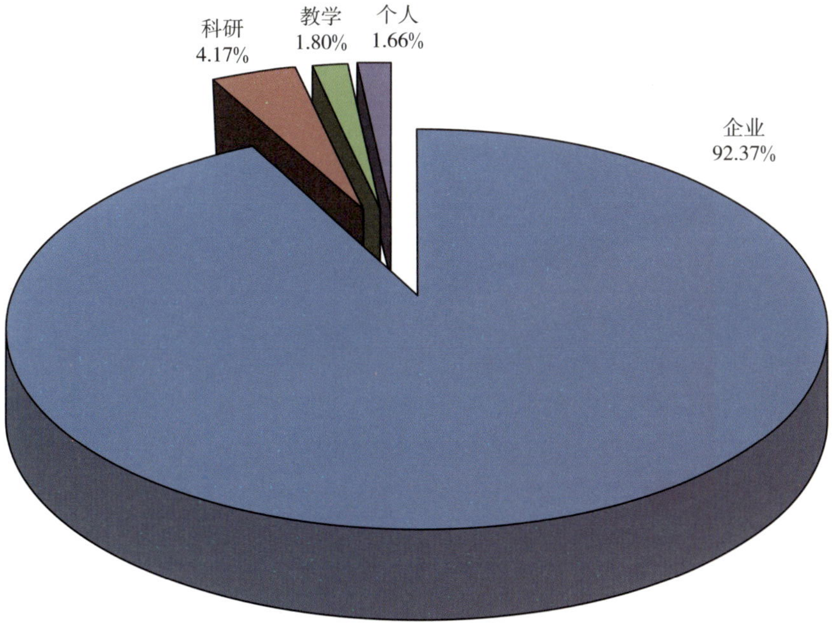

图55 1999—2019年国外申请主体类型分布图

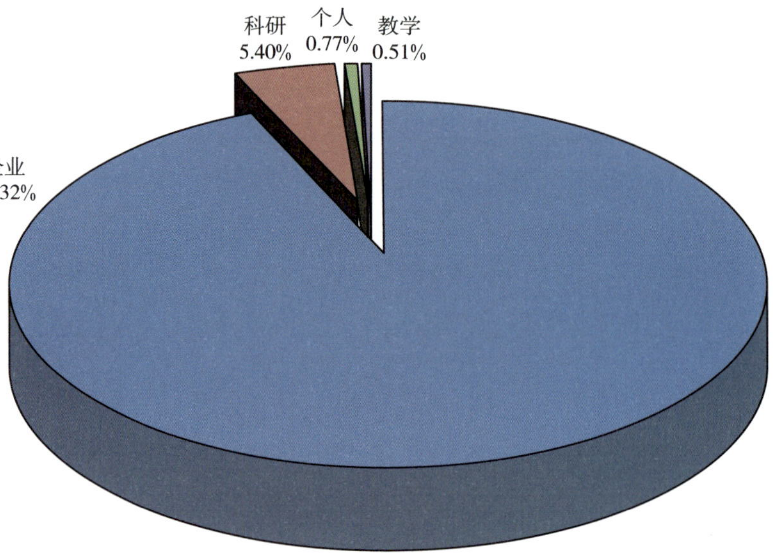

图56　2019年国外申请主体类型分布图

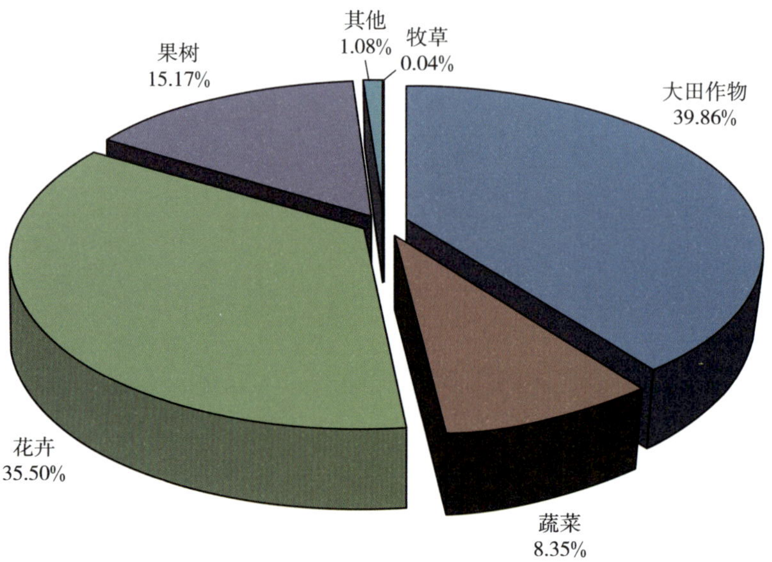

图57　1999—2019年国外申请人申请作物种类分布图

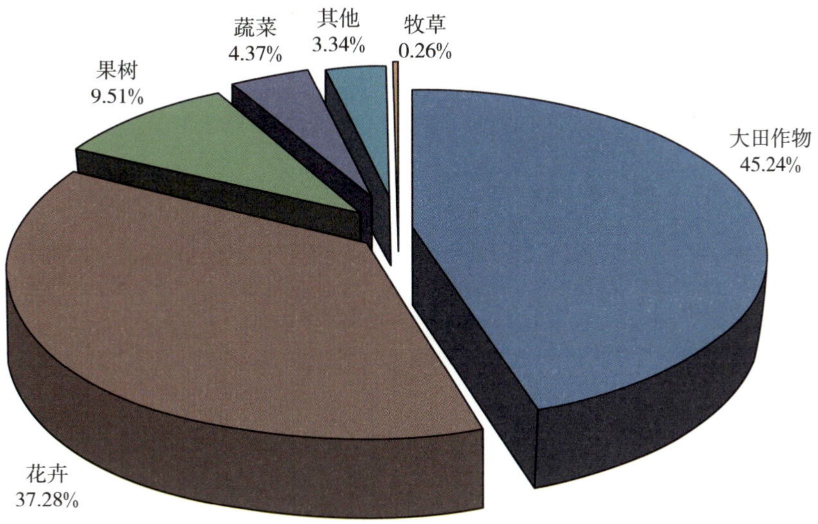

图58　2019年国外申请人申请作物种类分布图

四、国内向国外品种权申请授权情况

2000—2019年，我国共向欧盟、越南、美国等24个国家或组织申请品种权289件，其中授权119件，授权比率为41.18%（表2）。

表2　中国在国外申请授权品种权情况

UPOV成员	在国外申请（件）	在国外授权（件）	在国外授权比率（%）
欧盟	65	25	38.46
越南	48	25	52.08
美国	41	30	73.17
日本	36	3	8.33
荷兰	14	3	21.43
澳大利亚	13	5	38.46
智利	10	9	90.00
阿根廷	12	2	16.67
新西兰	5	2	40.00
南非	8	6	75.00
乌拉圭	3	3	100.00
韩国	6	1	16.67
乌克兰	2	0	0.00

（续）

UPOV成员	在国外申请（件）	在国外授权（件）	在国外授权比率（%）
以色列	5	1	20.00
加拿大	2	0	0.00
巴西	3	2	66.67
巴拉圭	1	0	0.00
肯尼亚	3	0	0.00
瑞士	1	1	100.00
巴拿马*	0	1	-
摩洛哥	2	0	0.00
秘鲁	2	0	0.00
墨西哥	2	0	0.00
俄罗斯	5	0	0.00
合计	289	119	41.18

注：数据整理自UPOV官网。其中UPOV数据显示我国在巴拿马获得授权1件，但在统计时未发现我国在巴拿马的申请记录，所以此条数据有争议。

五、申请量/授权量排行情况

（一）作物种类（表3）

表3　四大类作物申请总量前十植物属种分布

作物种类	属种	申请量（件）	占总申请量比值（%）	作物种类	属种	申请量（件）	占总申请量比值（%）
大田作物	玉米	10 773	31.87	蔬菜	辣椒属	564	1.67
	水稻	8 886	26.29		普通番茄	433	1.28
	普通小麦	2 497	7.39		普通西瓜	414	1.22
	大豆	1 363	4.03		黄瓜	230	0.68
	棉属	712	2.11		甜瓜	204	0.60
	甘蓝型油菜	430	1.27		大白菜	200	0.59
	花生	409	1.21		马铃薯	193	0.57
	甘薯	197	0.58		不结球白菜	159	0.47
	大麦属	164	0.49		普通结球甘蓝	123	0.36
	谷子	154	0.46		茄子	88	0.26

（续）

作物种类	属种	申请量（件）	占总申请量比值（%）	作物种类	属种	申请量（件）	占总申请量比值（%）
花卉	菊属	614	1.82	果树	苹果属	190	0.56
	蝴蝶兰属	571	1.69		猕猴桃属	183	0.54
	花烛属	255	0.75		葡萄属	172	0.51
	非洲菊	186	0.55		草莓	168	0.50
	石竹属	185	0.55		梨属	140	0.41
	百合属	138	0.41		柑橘属	131	0.39
	兰属	100	0.30		桃	118	0.35
	果子蔓属	60	0.18		香蕉	37	0.11
	莲	58	0.17		芒果	33	0.10
	萱草属	51	0.15		李	29	0.09

1999—2019年，大田作物总申请量中位居前五位的分别是玉米、水稻、普通小麦、大豆和棉属，共占大田作物总申请量的92.63%，占所有作物总申请量的71.68%。特别是玉米和水稻占据绝对优势，分别占大田作物总申请量的41.18%和33.97%。蔬菜、花卉、果树类作物总申请量中居首位的分别是辣椒属，占17.01%、菊属，占24.67%、苹果属，占14.29%（表4）。

表4　四大类作物2019年申请量前十植物属种分布

作物种类	属种	申请量（件）	占总申请量比值（%）	作物种类	属种	申请量（件）	占总申请量比值（%）
大田作物	玉米	2 366	33.65	蔬菜	辣椒属	184	2.62
	水稻	1 600	22.75		普通西瓜	149	2.12
	普通小麦	368	5.23		普通番茄	100	1.42
	大豆	229	3.26		甜瓜	70	1.00
	棉属	98	1.39		黄瓜	69	0.98
	花生	68	0.97		不结球白菜	67	0.95
	甘蓝型油菜	54	0.77		大白菜	53	0.75
	甘薯	39	0.55		花椰菜	29	0.41
	甘蔗属	38	0.54		苦瓜	26	0.37
	谷子	20	0.28		普通结球甘蓝	24	0.34

（续）

作物种类	属种	申请量（件）	占总申请量比值（%）	作物种类	属种	申请量（件）	占总申请量比值（%）
花卉	蝴蝶兰属	257	3.65	果树	猕猴桃属	36	0.51
	菊属	109	1.55		苹果属	31	0.44
	花烛属	29	0.41		草莓	27	0.38
	石竹属	27	0.38		柑橘属	20	0.28
	非洲菊	26	0.37		桃	19	0.27
	莲	23	0.33		葡萄属	18	0.26
	鸢尾属	21	0.30		梨属	14	0.20
	兰属	20	0.28		西番莲属	11	0.16
	石斛属	18	0.26		樱桃	8	0.11
	蟹爪兰属	14	0.20		椰子	7	0.10

同比2018年，2019年大田作物申请量中前十位种属变化不大，甘蔗和谷子跃进前十，高粱和向日葵属跌出前十。位居前五位的依然是五种主要农作物，其申请量占年度大田作物的93.91%，占比略有上升；占年度所有作物申请量的66.28%，占比进一步下降。其中：（1）玉米品种2 366件，含自交系1 355件，占57.27%，单交种1 003件，占42.39%，开放性授粉品种和三交种各4件，均占0.17%（图59）。（2）水稻品种1 600件，含常规种745件，占46.56%，恢复系348件，占21.75%，杂交种263件，占16.44%，两系不育系151件，占9.44%，三系不育系78件，占4.88%，保持系15件，占0.94%（图60）。（3）普通小麦品种368件，全部为常规种（图61）。（4）大豆品种229件，含常规种227件，占99.13%，杂交种2件，占0.87%（图62）。（5）棉属品种98件，含常规种86件，占87.76%，杂交种12件，占12.24%；转基因品种35件，占35.71%，非转基因品种63件，占64.29%（图63）。

2019年，蔬菜申请量中居首位的是辣椒属品种184件，占18.85%。同比2018年，苦瓜和普通结球甘蓝跃居前十，茄子和马铃薯跌出前十，黄瓜由第六上升至第五，其他变化不大。花卉申请量中居首位的是蝴蝶兰属品种257件，占42.41%。同比2018年，花卉前十位属种变化较大，鸢尾属、兰属、石竹属和蟹爪兰属跃居前十，萱草属、马蹄莲属、矮牵牛和花毛茛跌出前十。果树类品种中居首位的是猕猴桃属品种36件，占15.13%。同比2018年，前十位变化不大，西番莲属、樱桃、椰子进入前十，芒果和香蕉跌出前十。

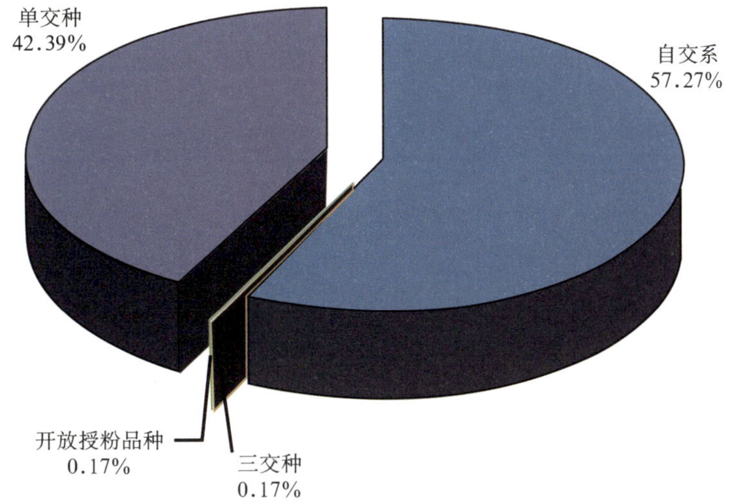

图59　2019年申请保护的玉米品种类型分布图

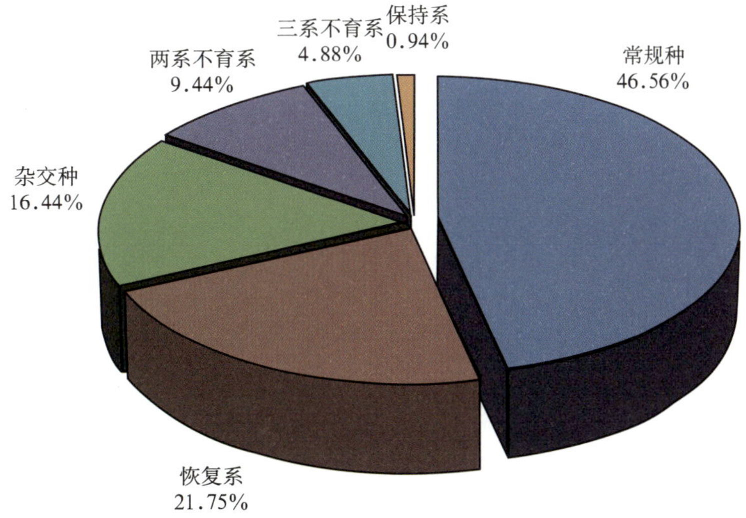

图60　2019年申请保护的水稻品种类型分布图

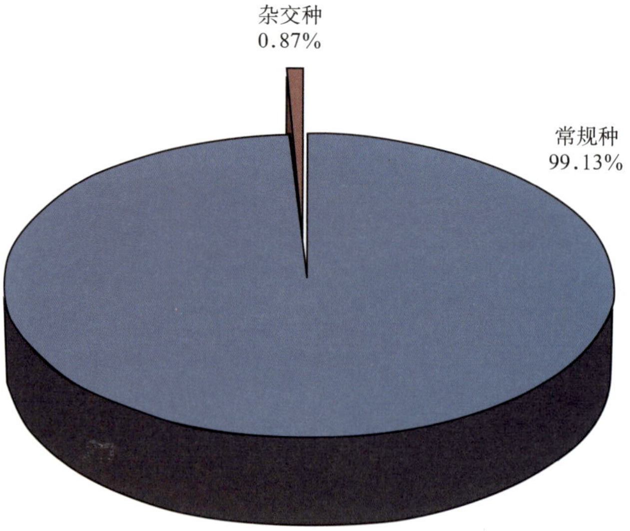

图61　2019年申请保护的大豆品种类型分布图

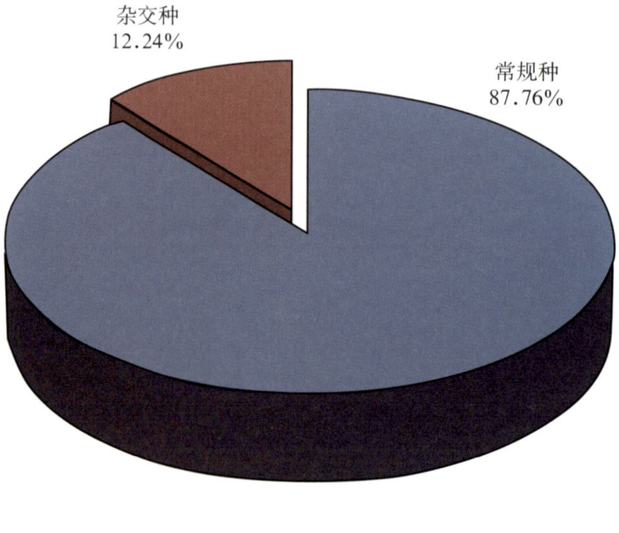

图62　2019年申请保护的棉花品种类型分布图

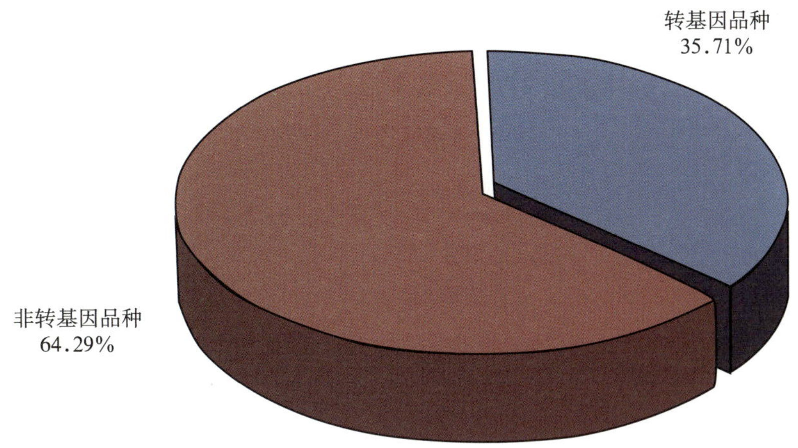

图63　2019年申请保护的棉花转基因品种与非转基因品种分布图

（二）申请主体（表5～表10）

表5　1999—2019年申请总量位于前50位的国内企业

排序	申请人	申请量（件）
1	北京金色农华种业科技股份有限公司	556
2	中国种子集团有限公司	271
3	山东登海种业股份有限公司	246
4	北京金色农华种业科技有限公司	246
5	袁隆平农业高科技股份有限公司	204
6	北大荒垦丰种业股份有限公司	171
7	河南金苑种业股份有限公司	167
8	石家庄蠡玉科技开发有限公司	164
9	湖南隆平种业有限公司	158
10	安徽隆平高科种业有限公司	154
11	安徽荃银高科种业股份有限公司	137
12	漳州钜宝生物科技有限公司	136
13	合肥丰乐种业股份有限公司	127
14	河南省豫玉种业股份有限公司	122
15	中种国际种子有限公司	111
16	天津科润农业科技股份有限公司	105
17	北京奥瑞金种业股份有限公司	93
18	吉林吉农高新技术发展股份有限公司	87

（续）

排序	申请人	申请量（件）
19	北京联创种业股份有限公司	85
20	福建金品农业科技股份有限公司	79
21	湖南袁创超级稻技术有限公司	75
22	辽宁东亚种业有限公司	74
23	北京新锐恒丰种子科技有限公司	73
24	厦门华泰五谷种苗有限公司	71
25	宁波微萌种业有限公司	70
26	广东粤良种业有限公司	69
27	甘肃五谷种业股份有限公司	69
28	北京华农伟业种子科技有限公司	69
29	中山缤纷园艺有限公司	68
30	北京九圣禾农业科学研究院有限公司	67
31	德农种业股份公司	66
32	山西大丰种业有限公司	65
33	山东圣丰种业科技有限公司	64
34	山西强盛种业有限公司	64
35	北京金色丰度种业科技有限公司	63
36	河南金博士种业股份有限公司	63
37	北京屯玉种业有限责任公司	62
38	山东省寿光市三木种苗有限公司	61
39	青岛金妈妈农业科技有限公司	59
40	三北种业有限公司	57
41	中地种业（集团）有限公司	56
42	天津天隆科技股份有限公司	54
43	魏巍农业集团有限公司	53
44	北京华耐农业发展有限公司	49
45	昆明虹之华园艺有限公司	48
46	昆明缤纷园艺有限公司	46
47	创世纪种业有限公司	45
48	莱州市金海作物研究所有限公司	45
49	上海乾德种业有限公司	42
50	江西天涯种业有限公司	41

表6　1999—2019年申请总量位于前50位的国内教学科研单位

排序	申请人	申请量（件）
1	江苏省农业科学院	399
2	北京市农林科学院	393
3	中国农业科学院作物科学研究所	325
4	中国水稻研究所	222
5	中国农业科学院郑州果树研究所	220
6	安徽省农业科学院水稻研究所	219
7	上海市农业科学院	212
8	广东省农业科学院水稻研究所	205
9	南京农业大学	203
10	河南省农业科学院	182
11	华南农业大学	180
12	四川农业大学	175
13	浙江省农业科学院	172
14	福建农林大学	170
15	四川省农业科学院作物研究所	165
16	河南省新乡市农业科学院	163
17	吉林省农业科学院	152
18	山东省农业科学院玉米研究所	139
19	河北省农林科学院粮油作物研究所	124
20	西北农林科技大学	122
21	黑龙江省农业科学院绥化分院	116
22	中国农业科学院蔬菜花卉研究所	116
23	黑龙江省农业科学院佳木斯水稻研究所	112
24	中国农业大学	110
25	湖南杂交水稻研究中心	110
26	中国科学院遗传与发育生物学研究所	108
27	中国热带农业科学院热带作物品种资源研究所	106
28	山东农业大学	105
29	东北农业大学	104
30	湖南农业大学	103
31	江苏里下河地区农业科学研究所	95
32	湖北省农业科学院粮食作物研究所	94

（续）

排序	申请人	申请量（件）
33	河北省农林科学院旱作农业研究所	91
34	北京林业大学	91
35	中国农业科学院棉花研究所	90
36	云南省农业科学院花卉研究所	89
37	山东省水稻研究所	88
38	河南农业大学	88
39	广西壮族自治区农业科学院水稻研究所	85
40	福建省农业科学院水稻研究所	84
41	绵阳市农业科学研究院	83
42	安徽省农业科学院作物研究所	81
43	黑龙江省农业科学院水稻研究所	79
44	丹东农业科学院	78
45	通化市农业科学研究院	78
46	黑龙江省农业科学院作物育种研究所	77
47	山东省农业科学院作物研究所	77
48	铁岭市农业科学院	76
49	湖南省水稻研究所	74
50	江苏徐淮地区淮阴农业科学研究所	73

表7　1999—2019年申请总量位于前30位的国外单位

排序	申请人	申请量（件）
1	先锋国际良种公司	274
2	孟山都科技有限责任公司	213
3	荷兰安祖公司	212
4	荷兰德丽品种权公司	106
5	先正达参股股份有限公司	106
6	利马格兰欧洲	103
7	科沃施种子欧洲股份有限公司	73
8	大韩民国农村振兴厅	72
9	瑞克斯旺种子种苗集团公司	41
10	德瑞斯克公司	34
11	法国RAGT 2n SAS公司	32

（续）

排序	申请人	申请量（件）
12	坂田种苗株式会社	30
13	圣尼斯蔬菜种子有限公司	29
14	荷兰多盟集团公司	27
15	荷兰科贝克公司	25
16	荷兰瑞恩育种公司	25
17	荷兰希维达科易记花卉公司	23
18	国立研究开发法人农业·食品产业技术综合研究机构	22
19	加利福尼亚大学董事会	21
20	忠清南道厅	18
21	荷兰佛劳瑞泰克育种公司	18
22	荷兰HZPC公司	17
23	优利斯种业	16
24	科沃施种子欧洲股份两合公司	16
25	荷兰科比品种权公司	16
26	国际水果遗传育种有限责任公司	15
27	斯泰种业公司	14
28	意大利CIV果树苗木公司	13
29	荷兰福劳瑞斯特公司	13
30	荷兰德克育种公司	13

表8　2019年申请量位于前20位的国内企业

排序	申请人	申请量（件）
1	石家庄蠡玉科技开发有限公司	105
2	漳州钜宝生物科技有限公司	99
3	安徽荃银高科种业股份有限公司	77
4	袁隆平农业高科技股份有限公司	73
5	河南省豫玉种业股份有限公司	66
6	河南金苑种业股份有限公司	63
7	北京金色丰度种业科技有限公司	52
8	中地种业（集团）有限公司	48
9	安徽隆平高科种业有限公司	48
10	合肥丰乐种业股份有限公司	41

（续）

排序	申请人	申请量（件）
11	福建金品农业科技股份有限公司	39
12	北京新锐恒丰种子科技有限公司	37
13	北京联创种业有限公司	35
14	中国种子集团有限公司	32
15	北京金色农华种业科技股份有限公司	32
16	宁波微萌种业有限公司	32
17	山东银汇嘉禾农业生物技术有限公司	30
18	天津科润农业科技股份有限公司	28
19	甘肃省敦煌种业集团股份有限公司	26
20	北京屯玉种业有限责任公司	26
	内蒙古蓝海新农农业发展有限公司	26

表9　2019年申请量位于前20位的国内科研教学单位

排序	申请人	申请量（件）
1	中国农业科学院郑州果树研究所	90
2	中国热带农业科学院热带作物品种资源研究所	85
3	黑龙江省农业科学院水稻研究所	67
4	河南省新乡市农业科学院	66
5	北京市农林科学院	61
6	中国水稻研究所	55
7	浙江省农业科学院	51
8	中国农业科学院作物科学研究所	51
9	南京农业大学	50
10	广东省农业科学院水稻研究所	47
11	江苏省农业科学院	46
12	华南农业大学	41
13	上海市农业科学院	40
14	四川省农业科学院作物研究所	37
15	福建农林大学	33
16	四川农业大学	30
17	山东省水稻研究所	30
18	湖南农业大学	29

（续）

排序	申请人	申请量（件）
19	河北省农林科学院旱作农业研究所	29
20	宁波市农业科学研究院	28

表10　2019年申请量位于前10位的国外单位

排序	申请人	申请量（件）
1	先锋国际良种公司	70
2	荷兰安祖公司	49
3	先正达参股股份有限公司	37
4	荷兰德丽品种权公司	34
5	利马格兰欧洲	20
6	科沃施种子欧洲股份两合公司	16
7	孟山都科技有限责任公司	14
8	先正达农作物保护股份公司	13
9	荷兰福劳瑞斯特公司	13
10	荷兰德克育种公司	8

（三）品种权主体（表11～表16）

表11　1999—2019年授权总量位于前50位的国内企业

排序	品种权人	授权量（件）
1	北京金色农华种业科技股份有限公司	256
2	山东登海种业股份有限公司	166
3	中国种子集团有限公司	109
4	湖南隆平种业有限公司	96
5	吉林吉农高新技术发展股份有限公司	82
6	北大荒垦丰种业股份有限公司	75
7	中种国际种子有限公司	59
8	北京奥瑞金种业股份有限公司	47
9	河南金苑种业股份有限公司	46
10	魏巍农业集团有限公司	45
11	安徽荃银高科种业股份有限公司	44
12	袁隆平农业高科技股份有限公司	43
13	安徽隆平高科种业有限公司	43

（续）

排序	品种权人	授权量（件）
14	辽宁东亚种业有限公司	42
15	合肥丰乐种业股份有限公司	41
16	天津科润农业科技股份有限公司	41
17	北京德农种业有限公司	39
18	山西大丰种业有限公司	38
19	昆明虹之华园艺有限公司	37
20	河南金博士种业股份有限公司	37
21	北京联创种业股份有限公司	35
22	昆明缤纷园艺有限公司	34
23	石家庄蠡玉科技开发有限公司	32
24	浙江森禾种业股份有限公司	32
25	莱州市金海作物研究所有限公司	31
26	北京华耐农业发展有限公司	31
27	山西强盛种业有限公司	30
28	北京九圣禾农业科学研究院有限公司	29
29	昆明煜辉花卉园艺有限公司	27
30	山东圣丰种业科技有限公司	27
31	江苏省大华种业集团有限公司	26
32	江西先农种业有限公司	24
33	天津天隆科技股份有限公司	24
34	北京华农伟业种子科技有限公司	23
35	丹东登海良玉种业有限公司	23
36	中山缤纷园艺有限公司	22
37	江苏金华隆种子科技有限公司	22
38	吉林农大科茂种业有限责任公司	22
39	吉林省稷秾种业有限公司	22
40	葫芦岛市明玉种业有限责任公司	22
41	三北种业有限公司	21
42	海南神农大丰种业科技股份有限公司	21
43	河南省豫玉种业股份有限公司	21
44	先正达(中国)投资有限公司	21
45	吉林长融高新种业有限公司	20

（续）

排序	品种权人	授权量（件）
46	四川西科种业股份有限公司绵阳天龙水稻研究所	20
47	江西现代种业股份有限公司	20
48	陕西秦龙绿色种业有限公司	20
49	辽宁丹玉种业科技股份有限公司	20
50	四川农大高科农业有限责任公司	19

表12　1999—2019年授权总量位于前50位的国内教学科研单位

排序	品种权人	授权量（件）
1	江苏省农业科学院	232
2	北京市农林科学院	154
3	中国农业科学院作物科学研究所	141
4	河南省农业科学院	135
5	安徽省农业科学院水稻研究所	120
6	南京农业大学	108
7	上海市农业科学院	102
8	中国水稻研究所	101
9	山东省农业科学院玉米研究所	86
10	吉林省农业科学院	85
11	四川省农业科学院作物研究所	84
12	四川农业大学	82
13	广东省农业科学院水稻研究所	75
14	华南农业大学	72
15	湖南杂交水稻研究中心	71
16	河北省农林科学院粮油作物研究所	70
17	西北农林科技大学	69
18	黑龙江省农业科学院绥化分院	66
19	黑龙江省农业科学院佳木斯水稻研究所	66
20	北京林业大学	62
21	浙江省农业科学院	62
22	中国农业大学	61
23	云南省农业科学院	59
24	福建农林大学	59

（续）

排序	品种权人	授权量（件）
25	绵阳市农业科学研究所	55
26	中国农业科学院郑州果树研究所	55
27	山东农业大学	55
28	中国农业科学院蔬菜花卉研究所	55
29	铁岭市农业科学院	55
30	福建省农业科学院水稻研究所	54
31	江苏里下河地区农业科学研究所	52
32	通化市农业科学研究院	51
33	丹东农业科学院	50
34	东北农业大学	49
35	河南农业大学	47
36	湖南农业大学	47
37	河南省新乡市农业科学院	47
38	安徽省农业科学院作物研究所	46
39	广西壮族自治区农业科学院水稻研究所	45
40	山东省农业科学院作物研究所	44
41	绵阳市农业科学研究院	44
42	江苏徐淮地区淮阴农业科学研究所	44
43	湖北省农业科学院粮食作物研究所	44
44	江苏徐淮地区徐州农业科学研究所	43
45	中国农业科学院棉花研究所	41
46	上海市农业生物基因中心	40
47	黑龙江省农业科学院佳木斯分院	40
48	江苏丘陵地区镇江农业科学研究所	40
49	内江杂交水稻科技开发中心	39
50	江苏沿海地区农业科学研究所	39

表13　1999—2019年授权总量位于前20位的国外单位

排序	品种权人	授权量（件）
1	先锋国际良种公司	138
2	荷兰安祖公司	114
3	孟山都科技有限责任公司	55

（续）

排序	品种权人	授权量（件）
4	大韩民国农村振兴厅	44
5	利马格兰欧洲	42
6	荷兰德丽品种权公司	26
7	荷兰菲德斯金砧育种公司	20
8	圣尼斯蔬菜种子有限公司	19
9	荷兰科贝克公司	18
10	科沃施种子欧洲股份有限公司	17
11	先正达参股股份有限公司	16
12	荷兰HZPC公司	15
13	法国RAGT 2n SAS公司	14
14	荷兰科比品种权公司	13
15	荷兰希维达科易记花卉公司	11
16	加利福尼亚大学董事会	11
17	瑞克斯旺种苗集团公司	10
18	坂田种苗株式会社	10
19	荷兰佛劳瑞泰克育种公司	8
20	荷兰彼得·西吕厄斯控股公司	8

表14　2019年授权量位于前20位的国内企业

排序	品种权人	授权量（件）
1	魏巍农业集团有限公司	45
2	中种国际种子有限公司	32
3	北大荒垦丰种业股份有限公司	29
4	山西大丰种业有限公司	29
5	河南金博士种业股份有限公司	28
6	中国种子集团有限公司	26
7	中山缤纷园艺有限公司	20
8	北京金色农华种业科技股份有限公司	16
9	福建金品农业科技股份有限公司	13
10	北京市花木有限公司	12
11	焦作联丰良种工程技术股份有限公司	12
12	河南省豫玉种业股份有限公司	11

（续）

排序	品种权人	授权量（件）
13	湖南隆平种业有限公司	11
14	丹东宏硕种业科技有限公司	10
15	黑龙江省莲江口种子有限公司	10
16	湖南希望种业科技股份有限公司	10
17	山东登海种业股份有限公司	10
18	漳州钜宝生物科技有限公司	10
19	安徽隆平高科种业有限公司	8
20	合肥丰乐种业股份有限公司	8

表15　2019年授权量位于前20位的国内教学科研单位

排序	品种权人	授权量（件）
1	江苏省农业科学院	35
2	中国农业科学院作物科学研究所	33
3	安徽省农业科学院水稻研究所	25
4	北京林业大学	25
5	南京农业大学	20
6	黑龙江省农业科学院佳木斯水稻研究所	18
7	上海市农业科学院	17
8	青岛农业大学	16
9	中国农业大学	16
10	中国农业科学院郑州果树研究所	16
11	西北农林科技大学	15
12	中国农业科学院蔬菜花卉研究所	15
13	江苏徐淮地区淮阴农业科学研究所	14
14	山东农业大学	14
15	河北省农林科学院粮油作物研究所	12
16	河南省农业科学院	12
17	中国农业科学院茶叶研究所	12
18	河南农业大学	10
19	漯河市农业科学院	10
20	山东省烟台市农业科学研究院	10

表16　2019年授权量位于前10位的国外单位

排序	品种权人	授权量（件）
1	先锋国际良种公司	66
2	荷兰安祖公司	41
3	利马格兰欧洲	28
4	圣尼斯蔬菜种子有限公司	10
5	孟山都科技有限责任公司	9
6	荷兰德丽品种权公司	8
7	荷兰佛劳瑞泰克育种公司	8
8	法国RAGT 2n SAS公司	7
9	先正达参股股份有限公司	6
10	荷兰多盟集团公司	6

注：以上主体排名中，均以第一主体性质进行统计。

（四）在线排名

中国农业科学院农业知识产权研究中心根据2018年度在农业农村部植物新品种保护办公室提交的植物新品种申请量统计前十的科研单位和企业作为明星育种单位候选提名（表17），通过智农361平台网络投票评选出前五位育种单位，并在2019年11月举办的第十一届全国农业知识产权论坛上授予荣誉称号及奖牌。同时根据品种在智农361平台用户的浏览量及投票数统计出2019年度品种人气指数排名情况（表18）。

表17　2018年年度育种之星

排序	教学科研单位	排序	企业
1	中国农业科学院作物科学研究所	1	袁隆平农业高科技股份有限公司
2	北京市农林科学院	2	北大荒垦丰种业股份有限公司
3	中国农业科学院郑州果树研究所	3	北京华农伟业种子科技有限公司
4	江苏省农业科学院	4	福建金品农业科技股份有限公司
5	华南农业大学	5	河南金博士种业股份有限公司

表18　2019年度品种人气指数排名

排序	水稻	玉米	小麦	大豆	棉花
1	南粳9108	豫单9953	百农AK58	冀豆12号	新陆早65号
2	黄华占	沃玉558	丰德存麦20号	中黄37	新陆中88号
3	淮稻5号	秋乐368	山农20	绥农52	新陆早77号
4	徽两优粤农丝苗	丰德存玉10号	济麦23	东农65	新陆中78号

（续）

排序	水稻	玉米	小麦	大豆	棉花
5	荃两优2118	东单1331	郑麦7698	绥农29	新陆早78号
6	绥粳29	京科968	中麦175	黑农84	鲁H498
7	绥粳19	中科玉505	周麦22号	中黄13	新陆中87号
8	川优6203	丹玉336	山农28号	合农76	鲁6269
9	桃香优华占	鹏玉3号	郑麦366	黑农87	苏棉22号
10	绥粳10	良玉99号	烟农1212	黑农69	鲁棉研19号

第三章　授权品种转化运用和保护概况

一、授权品种推广面积排行榜

2018年，全国列入推广面积统计的涉及47种作物的6 884个品种，推广面积为161 525万亩[①]。推广面积在1 000万亩以上的品种共计9个，分别为常规稻品种绥粳18，小麦品种百农207、鲁原502、济麦22和中麦895，玉米品种郑单958、先玉335、京科968和登海605。除绥粳18外，其余8个品种均已获得品种权保护。其中，推广面积前十的小麦、玉米和大豆品种中，授权品种占90%，分别占各作物总推广面积的33.64%、25.77%和21.06%(表19、表20)。授权品种在推广品种中占据着越来越重要的位置。

中国农业科学院农业知识产权研究中心以《中国农业知识产权创造指数报告（2019年)》发布的“主要大田作物授权品种推广面积排行榜”为基础，依托智农361平台的网络投票系统，通过网络投票方式评选出“百姓最欢迎的品种排行榜”。

表19　主要大田作物授权品种推广面积排行榜

作物种类	常规稻	杂交稻	玉米	冬小麦	大豆	常规棉	杂交棉
品种	龙粳31	晶两优华占	郑单958	百农207	克山1号	新陆中37号	鲁棉研24号
	黄华占	隆两优华占	先玉335	鲁原502	中黄13	中棉所49	瑞杂816
	中嘉早17	C两优华占	京科968	济麦22	合农95	新陆中54号	华杂棉H318
	龙粳46	宜香优2115	登海605	中麦895	合农75	新陆早45号	中棉所63
	南粳9108	深两优5814	伟科702	山农28	合农69	鲁棉研28号	创075
	淮稻5号	泰优390	裕丰303	郑麦9023	黑农48	新陆中47号	中棉所65
	中早39	川优6203	浚单20	西农979	齐黄34	农大601	农大KZ05
	绥粳15	徽两优898	隆平206	郑麦379	冀豆12号	鲁棉研37号	农大棉9号
	五优稻4号	Y两优900	联创808	山农29	绥农44	新陆早40号	农大棉10号
	华粳5号	欣荣优华占	中科玉505	宁麦13	合农76	国欣棉9号	衡优12
占各作物推广面积比例	29.85%	15.66%	26.90%	35.37%	22.31%	24.64%	44.02%

①亩为非法定计量单位，1亩≈667米^2——编者注

表20　2018年度百姓最欢迎品种投票排名

排序	水稻	玉米	小麦	大豆
1	五优华占	良玉99号	中麦175	金源55号
2	C两优华占	丹玉405号	山农20	东农60
3	川优6203	隆平206	淮麦33	中黄37
4	Y两优900	登海605	宁麦13	齐黄34
5	宜香优2115	先玉335	郑麦379	北豆42

二、主要品种转化运用情况

品种申请权及品种权的合理转让流动可以实现品种资源的优化配置。截至2019年年底，按照备案数据统计，我国共有1 239个申请保护的品种进行了转让。其中玉米品种最多，达到539件，占43.50%。其次为水稻品种，251件，占20.26%。我国的品种转让呈现曲折上涨的趋势，2001年我国授权品种转让数量仅为19个，2019年我国的品种权转让数量已达到178个（图64）。

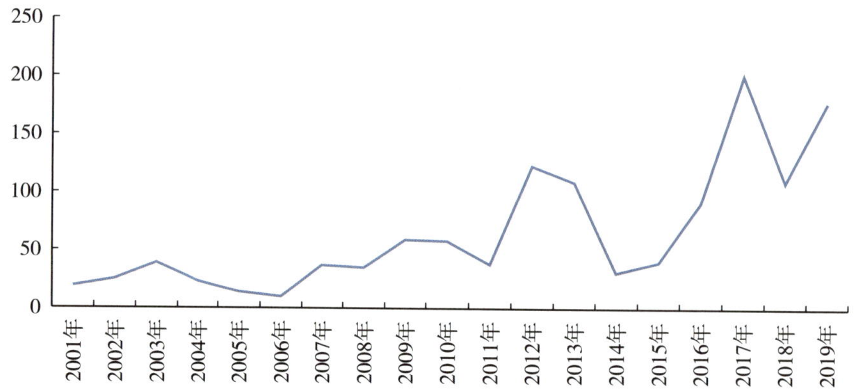

图64　品种申请权及品种权转让变动图

第四章　植物新品种保护国际动态

国际植物新品种保护联盟（UPOV）是1961年在《国际植物新品种保护公约》基础上建立的一个独立的政府间国际组织，总部设在瑞士日内瓦，旨在提供和推动形成一个有效的植物品种保护体系，从而鼓励植物新品种的开发，造福社会。该组织通过协调各国在植物新品种保护制度上的差异，在世界范围内建立起较为统一的制度体系，促进了植物新品种保护的国际化。

一、UPOV主要成员植物新品种保护动态

（一）UPOV成员动态

截至2019年年底，UPOV共有76个成员，包括74个国家和2个国际组织——欧盟（EU）、非洲知识产权组织（OAPI），共涵盖95个国家。2019年6月，由执行UPOV公约1961/1972年文本的国家，比利时成为了UPOV公约1991年文本国家，标志着UPOV公约1961/1972年文本正式退出历史舞台。2019年11月1日，埃及正式加入UPOV，执行该公约1991年文本。自此，76个成员中执行UPOV公约1978年文本有17个，执行公约1991年文本59个。中国于1999年加入该联盟，目前执行的是UPOV公约1978年文本（表21）。

表21　各成员国执行的公约文本概况

序号	国家/组织	执行文本	序号	国家/组织	执行文本	序号	国家/组织	执行文本
1	非洲知识产权组织	1991年文本	8	比利时	1991年文本	15	中国	1978年文本
2	阿尔巴尼亚	1991年文本	9	玻利维亚	1978年文本	16	哥伦比亚	1978年文本
3	阿根廷	1978年文本	10	波黑	1991年文本	17	哥斯达黎加	1991年文本
4	澳大利亚	1991年文本	11	巴西	1978年文本	18	克罗地亚	1991年文本
5	奥地利	1991年文本	12	保加利亚	1991年文本	19	捷克	1991年文本
6	阿塞拜疆	1991年文本	13	加拿大	1991年文本	20	丹麦	1991年文本
7	白俄罗斯	1991年文本	14	智利	1978年文本	21	多米尼加	1991年文本

（续）

序号	国家/组织	执行文本	序号	国家/组织	执行文本	序号	国家/组织	执行文本
22	厄瓜多尔	1978年文本	41	墨西哥	1978年文本	60	新加坡	1991年文本
23	埃及	1991年文本	42	黑山	1991年文本	61	斯洛伐克	1991年文本
24	爱沙尼亚	1991年文本	43	摩洛哥	1991年文本	62	斯洛文尼亚	1991年文本
25	欧盟	1991年文本	44	荷兰	1991年文本	63	南非	1978年文本
26	芬兰	1991年文本	45	新西兰	1978年文本	64	西班牙	1991年文本
27	法国	1991年文本	46	尼加拉瓜	1978年文本	65	瑞典	1991年文本
28	格鲁吉亚	1991年文本	47	北马其顿	1991年文本	66	瑞士	1991年文本
29	德国	1991年文本	48	挪威	1978年文本	67	特立尼达和多巴哥	1978年文本
30	匈牙利	1991年文本	49	阿曼	1991年文本	68	突尼斯	1991年文本
31	冰岛	1991年文本	50	巴拿马	1991年文本	69	土耳其	1991年文本
32	爱尔兰	1991年文本	51	巴拉圭	1978年文本	70	乌克兰	1991年文本
33	以色列	1991年文本	52	秘鲁	1991年文本	71	英国	1991年文本
34	意大利	1978年文本	53	波兰	1991年文本	72	坦桑尼亚	1991年文本
35	日本	1991年文本	54	葡萄牙	1978年文本	73	美国	1991年文本
36	约旦	1991年文本	55	韩国	1991年文本	74	乌拉圭	1978年文本
37	肯尼亚	1991年文本	56	摩尔多瓦	1991年文本	75	乌兹别克斯坦	1991年文本
38	吉尔吉斯斯坦	1991年文本	57	罗马尼亚	1991年文本	76	越南	1991年文本
39	拉脱维亚	1991年文本	58	俄罗斯	1991年文本			
40	立陶宛	1991年文本	59	塞尔维亚	1991年文本			

（二）植物新品种保护范围

植物品种权保护范围，是指纳入各成员植物新品种保护名录的植物属种。名录开放程度体现保护范围的大小，也体现了育种公平性（表22）。

表22　UPOV成员保护属种范围

成员	保护范围	成员	保护范围	成员	保护范围
爱尔兰	全部	肯尼亚	全部	乌兹别克斯坦	全部
爱沙尼亚	全部	拉脱维亚	全部	越南	全部
奥地利	全部	立陶宛	全部	摩洛哥	116
澳大利亚	全部	罗马尼亚	全部	埃及	48
巴拿马	全部	美国	全部	阿曼	44

（续）

成员	保护范围	成员	保护范围	成员	保护范围
白俄罗斯	全部	秘鲁	全部	阿尔巴尼亚	34
比利时	全部	摩尔多瓦	全部	阿塞拜疆	32
保加利亚	全部	欧盟	全部	北马其顿	23
冰岛	全部	日本	全部	*阿根廷	全部
波兰	全部	约旦	全部	*巴拉圭	全部
丹麦	全部	瑞典	全部	*玻利维亚	全部
德国	全部	瑞士	全部	*厄瓜多尔	全部
多米尼加共和国	全部	塞尔维亚	全部	*哥伦比亚	全部
俄罗斯	全部	斯洛伐克	全部	*墨西哥	全部
法国	全部	斯洛文尼亚	全部	*尼加拉瓜	全部
非洲知识产权组织	全部	坦桑尼亚	全部	*挪威	全部
芬兰	全部	突尼斯	全部	*葡萄牙	全部
哥斯达黎加	全部	土耳其	全部	*乌拉圭	全部
格鲁吉亚	全部	乌克兰	全部	*新西兰	全部
韩国	全部	西班牙	全部	*意大利	全部
荷兰	全部	新加坡	全部	*智利	全部
黑山	全部	匈牙利	全部	*中国	369
吉尔吉斯斯坦	全部	以色列	全部	*南非	416
加拿大	全部	英国	全部	*巴西	179
捷克	全部	波斯尼亚和黑塞哥维那	全部	*特立尼达和多巴哥	8
克罗地亚	全部				

注：（1）*代表此成员是UPOV1978年文本成员，未带*代表该成员是UPOV1991年文本成员；（2）“全部”代表保护全部植物属种，属种数量按照UPOV代码计算；（3）数据来源：由UPOV官网数据整理而成。

（三）国际植物新品种保护申请情况

据UPOV官方数据统计，1984—2019年UPOV品种权累计申请量接近40万件，排名前五的联盟成员分别是：欧盟（68 365件）、美国（42 348件）、中国（38 322件）、日本（33 383件）和荷兰（31 686件）（图65）。

2019年，全球共受理品种权申请21265件。其中，年度申请量超过500件的联盟成员分别是：中国（7 834件）、欧盟（3 525件）、美国（1 590件）①、乌克兰（1 238件）、日本（822件）、韩国（695件）、荷兰（767件）、俄罗斯（765件）、韩国（695件）。

① 美国数据包括植物新品种保护和植物专利申请。

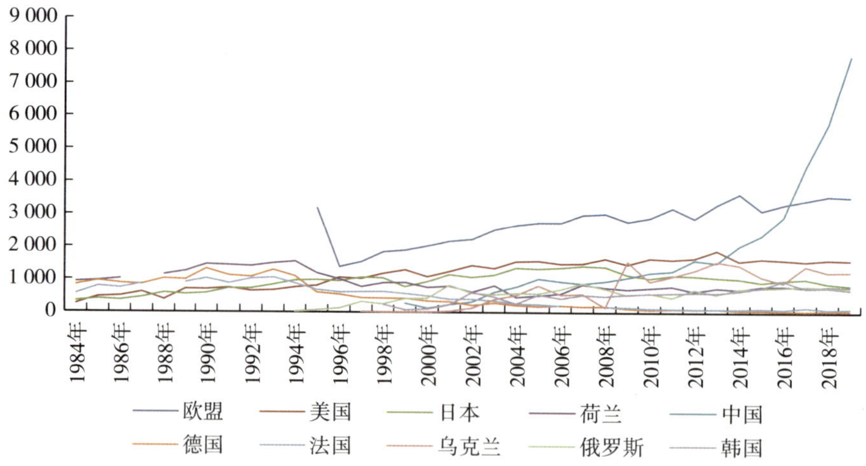

图65　1984—2019年UPOV主要成员品种权申请量趋势图

（四）国际植物新品种保护授权情况

据UPOV官方数据统计，1984—2019年全球品种权累计授权量28.7万，有效品种权共计13.99万。累计授权量排名前五的联盟成员分别是：欧盟（53 580件）、美国（36 983件）[①]、日本（27 910件）、荷兰（23 292件）和中国（16 161件）（图66）。

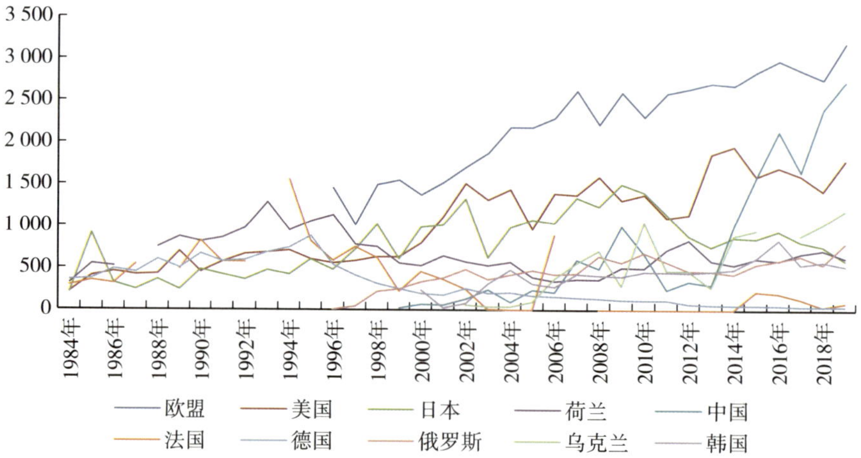

图66　UPOV主要成员品种权授权量趋势图

2019年全球共授予品种权302 301件。其中，年度授权量超过500件的有：欧盟（3 188件）、中国（2 727件）、美国（1 785件）[②]、乌克兰（1 188件）、俄罗斯（796件）、荷兰（621件）、日本（591件）、韩国（522件）。

① 美国数据包括植物新品种保护和植物专利授权。
② 美国数据包括植物新品种保护和植物专利授权。

1984—2019年，全球有效品种权总量为139 968件，国际占有率排名前五的成员分别为：欧盟、美国、中国、乌克兰和荷兰（表23）。

表23　1984—2019年UPOV主要成员植物品种权国际占有率

排序	UPOV成员	加入文本	有效品种权总量（件）	占比（%）
1	欧盟	1991	28 230	20.17
2	美国	1991	26 441	18.89
3	中国	1978	12 917	9.23
4	乌克兰	1991	10 212	7.30
5	荷兰	1991	8 916	6.37
6	日本	1991	8 730	6.24
7	俄罗斯	1991	5 885	4.20
8	韩国	1991	5 694	4.07
9	南非	1978	3 108	2.22
10	澳大利亚	1991	2 722	1.94

2019年，全球新增有效品种权9 119件，国际占有率排名前五的成员分别为：中国、欧盟、乌克兰、美国和俄罗斯（表24）。

表24　2019年UPOV主要成员植物品种权国际占有率

排序	UPOV成员	加入文本	有效品种权量（件）	占比（%）
1	中国	1978	2 928	32.11
2	欧盟	1991	1 334	14.63
3	乌克兰	1991	1 173	12.86
4	美国	1991	975	10.69
5	俄罗斯	1991	572	6.27
6	韩国	1991	369	4.05
7	日本	1991	365	4.00
8	荷兰	1991	364	3.99
9	墨西哥	1978	217	2.38
10	英国	1991	178	1.95

二、UPOV主要成员新品种保护国际化水平

从总体来看，国民申请量与非国民申请量保持一致，呈稳步上升趋势（图67、图68，表25）。

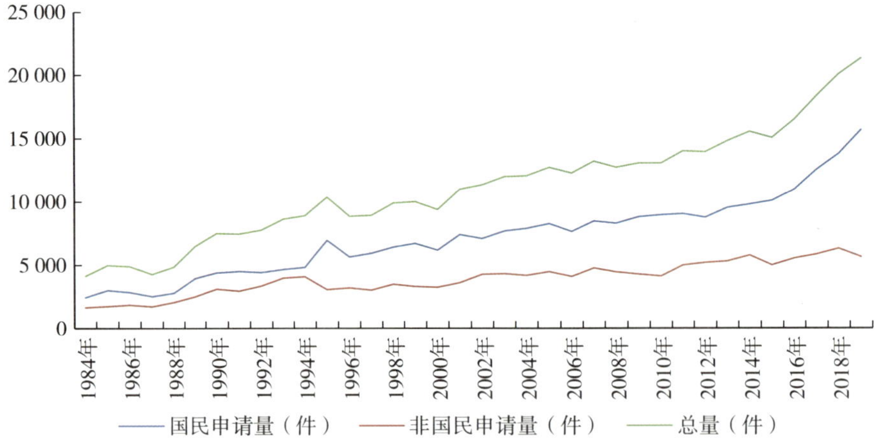

图67　UPOV成员国民与非国民申请量变动图

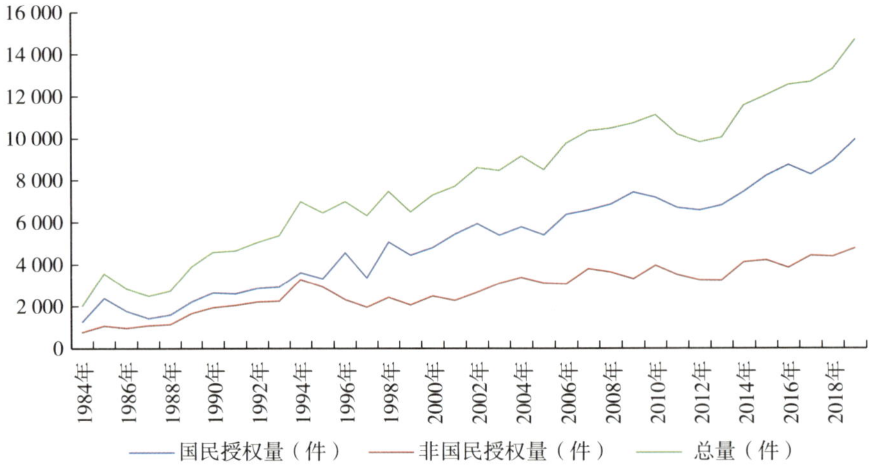

图68　UPOV成员国民与非国民授权量变动图

表25　2019年申请量居前10的国家品种申请及授权情况

序号	成员	申请量（件）					授权量（件）				
		国民	比例	非国民	比例	合计	国民	比例	非国民	比例	合计
1	中国	7 323	93.48%	511	6.52%	7 834	2 409	88.34%	318	11.66%	2 727
2	欧盟	2 853	80.94%	672	19.06%	3 525	2 588	81.18%	600	18.82%	3 188
3	美国	901	56.67%	689	43.33%	1 590	970	54.34%	815	45.66%	1 785

（续）

序号	成员	申请量（件）					授权量（件）				
		国民	比例	非国民	比例	合计	国民	比例	非国民	比例	合计
4	乌克兰	471	38.05%	767	61.95%	1 238	522	43.94%	666	56.06%	1 188
5	日本	559	68.00%	263	32.00%	822	400	67.68%	191	32.32%	591
6	荷兰	618	80.57%	149	19.53%	767	534	85.99%	87	14.01%	621
7	俄罗斯	578	75.56%	187	24.44%	765	645	81.03%	151	18.97%	796
8	韩国	590	84.89%	105	15.11%	695	466	89.27%	56	10.73%	522
9	阿根廷	184	48.81%	193	51.19%	377	44	46.81%	50	53.19%	94
10	加拿大	75	20.49%	291	79.51%	366	59	25.54%	172	74.46%	231

随着农业全球化的快速发展，各成员向其他成员申请量和授权量总体呈上升趋势（图69）。

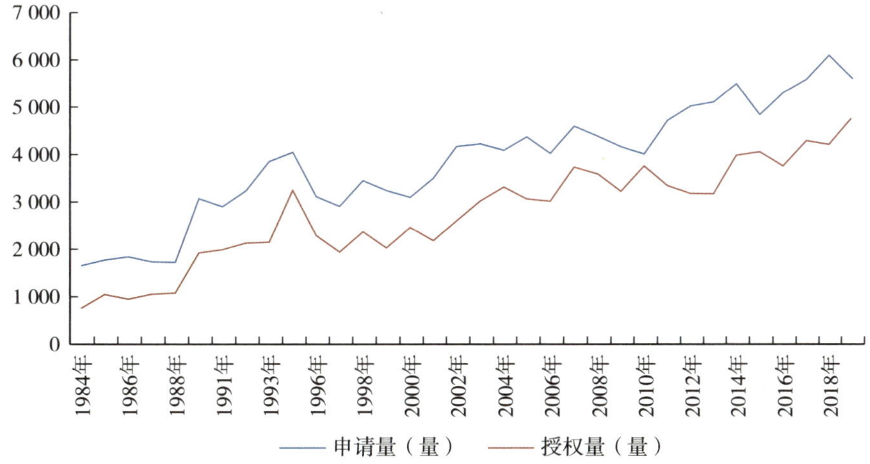

图69　1984—2019年UPOV成员向国外申请品种权变动图

2019年，UPOV成员共向国外申请品种权5 614件，获得授权4 753件。其中，美国以1 413件的申请量、荷兰以1 202件的授权量位居各成员之首（表26）。

表26　2019年向国外申请授权量前10国家概况

序号	成员	在国外申请量（件）	占国外申请比例（%）	在国外授权量（件）	占国外授权比例（%）
1	美国	1 413	25.17	1 136	23.90
2	荷兰	1 374	24.47	1 202	25.29
3	法国	458	8.16	426	8.96
4	瑞士	396	7.05	237	4.99
5	日本	182	3.24	181	3.81

（续）

序号	成员	在国外申请量（件）	占国外申请比例（%）	在国外授权量（件）	占国外授权比例（%）
6	澳大利亚	179	3.19	143	3.01
7	西班牙	163	2.90	96	2.02
8	以色列	123	2.19	122	2.57
9	英国	118	2.10	116	2.44
10	意大利	114	2.03	79	1.66

三、UPOV主要成员审查测试国际合作

截至2017年年底，UPOV成员中共有58个采取不同方式在不同的植物属种范围内与其他成员签署了植物新品种审查测试国际合作协议。其中参与审查测试合作的UPOV1978年文本成员有14位，UPOV1991年文本成员43位，UPOV1961/1972年文本成员1位（表27）。

表27　委托测试的成员和植物属种情况

成员	提供测试		委托测试		成员	提供测试		委托测试	
	测试属种	对象成员	测试属种	对象成员		测试属种	对象成员	测试属种	对象成员
荷兰	927	16	257	6	爱沙尼亚	8	3	28	5
英国	692	14	285	5	玻利维亚*	7	/	—	—
德国	584	15	241	8	克罗地亚	7	2	37	5
法国	227	12	175	5	以色列	4	3	28	4
波兰	186	17	66	3	墨西哥*	3	2	6	1
匈牙利	135	9	64	3	爱尔兰	1	1	12	3
西班牙	127	2	—	—	澳大利亚	1	1	—	—
丹麦	106	10	337	7	哥伦比亚*	1	1	4	1
新西兰*	93	2	2	1	韩国	1	1	—	—
捷克	82	12	55	3	美国	1	1	—	—
欧盟	40	6	1 766	23	瑞典	1	1	196	10
斯洛伐克	37	8	60	3	阿根廷*	—	—	15	3
拉脱维亚	34	2	41	1	巴拿马	—	—	5	2
摩洛哥	32	/	1	1	巴西*	—	—	21	3
意大利*	27	1	—	—	肯尼亚	—	—	20	5
葡萄牙*	25	1	—	—	立陶宛	—	—	80	1
吉尔吉斯斯坦	20	/			摩尔多瓦	—	—	29	4

（续）

成员	提供测试		委托测试		成员	提供测试		委托测试	
	测试属种	对象成员	测试属种	对象成员		测试属种	对象成员	测试属种	对象成员
比利时**	18	6	469	4	南非*	—	—	8	2
芬兰	18	2	11	5	挪威*	—	—	87	7
罗马尼亚	16	1	37	4	瑞士	—	—	23	2
奥地利	15	2	98	7	斯洛文尼亚	—	—	51	5
保加利亚	12	1	1	1	新加坡	—	—	1	1
日本	10	3	16	3					

注：（1）表中不包括涉及签订全部属种审查测试国际协议的数据；（2）表中不包括正在磋商签订审查测试国际合作协议的数据；（3）*表示UPOV1978年文本成员；未带*表示UPOV1991年文本成员；**表示UPOV1961/1972年文本成员；（4）—表示该成员未签订此方面的合作协议；/表示无数据。（1）（2）（3）说明适用于表27。

UPOV成员中有41个在不同的植物属种范围内通过购买其他成员测试报告进行审查。我国林业方面向德国、法国和欧盟3个成员在大戟属、榕属、杜鹃花属和蔷薇属中购买了27个品种的DUS测试报告。大部分的UPOV1978文本成员和UPOV1991文本成员均参与了审查测试国际合作（表28）。

表28　购买其他成员测试报告的成员数和植物属种数

成员	属种数	成员数	成员	属种数	成员数
欧盟	1 439	22	中国*	27	3
俄罗斯	94	21	保加利亚	25	11
巴西*	93	15	白俄罗斯	23	10
厄瓜多尔*	77	7	英国	23	6
法国	75	11	哥伦比亚*	21	2
墨西哥*	69	6	爱沙尼亚	19	8
挪威*	66	14	以色列	19	2
土耳其	66	6	智利*	15	1
克罗地亚	59	14	立陶宛	15	2
秘鲁	59	6	瑞典	12	6
德国	55	9	乌拉圭*	12	1
荷兰	54	7	芬兰	10	8
乌克兰	50	18	罗马尼亚	9	4
捷克	47	3	瑞士	8	2
爱尔兰	47	2	奥地利	7	4

（续）

成员	属种数	成员数	成员	属种数	成员数
摩洛哥	44	8	匈牙利	5	2
斯洛文尼亚	32	11	拉脱维亚	5	2
肯尼亚	29	6	比利时	4	5
丹麦	28	5	南非*	3	5
摩尔多瓦	28	1			

注：本章数据由UPOV官网数据整理而成；*表示UPOV1978年文本成员。

附　录

附录一　2019年农业植物新品种测试体系测试情况

2019年度，农业植物新品种测试体系共集中测试6 300个申请品种，测试量约为2018年的1.33倍（图70）。

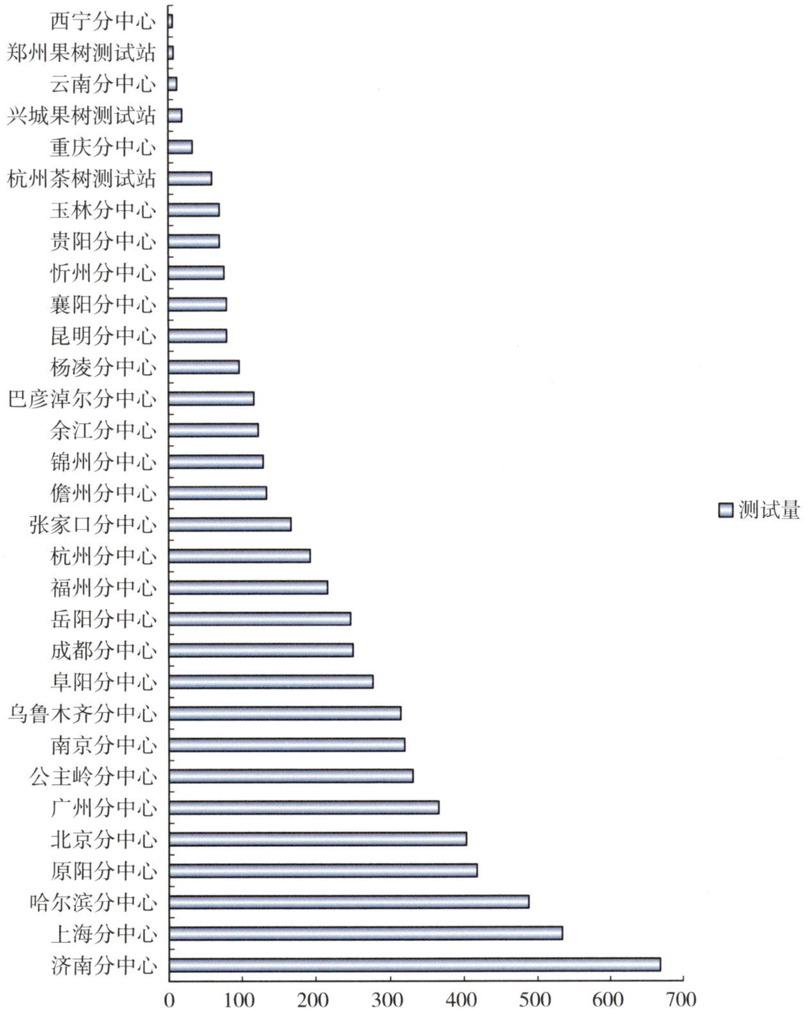

图70　2019年农业植物新品种测试体系集中测试量分布图

附录二　2019年农业植物新品种保护大事记

1月

1日	启用农业植物品种权审查信息管理系统2.0版和新版农业品种权申请系统；发布《关于启用新版农业品种权申请系统的补充通知》。
4日	发布《农业农村部办公厅关于种子法有关条款适用的意见》，明确“《种子法》第二十九条第二项所称农民，是指以家庭联产承包责任制的形式签订农村土地承包合同的农民个人。农民专业合作社、家庭农场等新型农业生产经营主体使用授权品种的繁殖材料用于生产的，不属于农民自繁自用，应当取得植物新品种权人的许可。”
17日	农业农村部植物新品种复审委员会做出《关于“珞扬69”等8件植物新品种复审案件的审理决定》。
31日	发布中华人民共和国农业农村部公告第134号，授权583件。

2月

1日	农业农村部发出关于《中华人民共和国植物新品种保护条例修订草案(征求意见稿)》公开征求意见的公告，公布《条例修订草案（征求意见稿)》及其说明，广泛征求国内外意见。
22日	农业农村部令（2019年第1号）发布《中华人民共和国农业植物品种保护名录（第十一批)》，自2019年4月1日起施行。
27日	农、林植物新品种保护办公室就举办我国加入UPOV公约20周年系列活动进行会商，就20周年座谈会、第12次东亚植物新品种保护论坛会议等内容和下一步工作的分工部署达成初步意见。
28日	农业农村部种业司周云龙副司长带队，赴最高人民法院知识产权法庭，就品种权司法保护工作进行交流。

3月

1日	发布《第十一批农业植物品种保护名录繁殖材料送交数量和质量要求》。
11—13日	2019年农业植物品种DUS测试工作会在广东广州举办。
13—14日	首次针对涉农高校的农业植物新品种保护培训班在广东广州举办。
21日	农业农村部植物新品种测试中心收到《农作物种子质量检验机构资格考核能力验证考评报告》：能力评价等级均为A。
28日	首次接待巴基斯坦代表团，双方就植物新品种保护相关问题进行交流。

4月

22日 中欧植物新品种保护暨IP Key项目专家研讨会在北京召开，来自国际植物新品种保护联盟、欧盟植物新品种保护办公室、法国、荷兰等国家或组织的品种保护专家以及我国农业、林业植物新品种保护领域专家40余人参加会议。

22日 中国种子协会植物新品种保护专业委员会召开第一届主任委员办公会第三次会议。

23日 农业农村部联合国家林草局、国家知识产权局共同举办“中国加入国际植物新品种保护公约20周年座谈会”，农业农村部张桃林副部长、国家林草局彭有冬副局长、国家知识产权局甘绍宁副局长、中国工程院戴景瑞院士出席座谈会并作主旨发言。

23日 植物新品种保护国际研讨会在北京召开，包含中国在内的20个国家和组织的近200名嘉宾参加会议。国际植物新品种保护联盟、欧盟植物新品种保护办公室、日本农林水产省、美国专利与商标局的官员和专家做报告。

23日 植物新品种保护工作研讨会在北京召开。

23日 中央电视台新闻频道（CCTV-13）和军事农业频道（CCTV-7）等电视媒体报道：农业植物新品种权年申请量居世界第一。

24日 农业农村部联合国家林草局共同举办第12次东亚植物新品种保护论坛年会，来自东亚论坛成员国代表和欧盟、美国等观察员代表共60余人参加会议。

24日 国际植物新品种保护联盟（UPOV）第二次亚洲区域品种保护合作座谈会在北京召开，来自亚洲区域中国、日本、韩国、新加坡、越南5国和阿根廷、法国、荷兰、美国等6个区域外国家和组织的30余名代表参会。

25日 中国—阿根廷种子分委会第5次会议在北京举行，农业农村部种业管理司张延秋司长率团与阿根廷国家种子管理局雷蒙多·拉维尼拉维勒局长一行共商中阿种子合作事宜，并签订会议纪要。

25—26日 农业农村部植物新品种保护办公室分别与国际植物新品种保护联盟（UPOV）、欧盟植物新品种保护办公室（CPVO）、德国联邦植物新品种保护办公室、韩国种子和品种管理中心代表举行双边会谈。

5月

6—7日 首次针对涉农大中专院校教师开设的农业大中专院校品种保护和DUS测试师资培训班在云南大理举办。

24日 发布中华人民共和国农业农村部公告第177号，授权318件。

6月

3—5日　中国种子协会植物新品种保护专业委员会，在北京组织召开2019年DUS测试技术研讨会。

7月

22日　发布中华人民共和国农业农村部公告第195号，授权587件。

8月

26日　农业农村部植物新品种复审委员会做出《关于“PH1G2H1”等19件植物新品种复审案件的审理决定》。

9月

10日　全国农作物种子打假维权活动在甘肃省张掖举办，农业行政主管部门现场销毁侵权物，植物新品种保护办公室发布2019年《植物新品种保护十大典型案例》，农业农村部种业管理司张延秋司长出席并做重要讲话。

10日　美国农业部农业市场司郭瑞红副司长来访。

11日　农、林植物新品种保护办公室与国际无性繁殖观赏植物与果树育种家协会（CIOPORA）在北京召开植物新品种保护研讨会。

15—21日　2019年第二届“一带一路”国家新品种保护与种业发展培训班在陕西杨凌举办，来自哈萨克斯坦、塔吉克斯坦、吉尔吉斯斯坦、乌兹别克斯坦的9名外国学员以及国内种子企事业单位代表参加培训。

27日　2019年植物新品种保护能力提升研讨会暨品种保护发展规划研讨会在浙江宁波召开。

10月

14—16日　在浙江杭州举办UPOV第37届计算机与办公自动化工作组（TWC）会议，对DUS测试数据分析方法与软件研发等进行深入研讨和交流。其中，我国专家做了《一种统计分析软件（DUS EXCEL）在DUS测试中的应用》和《DUS测试工具的发展和创新》等报告。

16—18日　在浙江杭州举办UPOV第18届生物化学和分子生物学技术工作组（BMT）会议，对分子生物在DUS测试中的应用等进行深入研讨和交流。其中，我国专家做了《MNP分子标记法在植物新品种保护中的应用》《SSR分子标记法在大豆品种鉴定中的发展和应用》等报告。

20—23日　农业植物新品种测试质量管理国际培训班在江苏南京举办。该培训班是首次在华以品种测试质量管理为主题的国际培训，除培训欧盟品种测试质量管理制度和分享经验做法外，还对南京测试分中心进行了现场质量评估。

28—31日	农业农村部联合最高人民法院知识产权法庭就植物新品种保护相关问题赴湖南、海南开展联合调研，征求品种权执法的意见和建议。
28日至11月1日	国际植物新品种保护联盟（UPOV）系列年会在瑞士日内瓦召开，国家知识产权局、农、林植物新品种保护相关部门派员参加。农业农村部科技发展中心崔野韩处长成功当选新一届理事会副主席，任期3年。

11月

1日	农业农村部科技发展中心崔野韩处长成功当选UPOV理事会副主席，任期3年。
11—22日	在海南儋州举办农业植物品种DUS测试技术培训班，这是自2012年以来的第8期DUS测试技术系统培训。

12月

9—10日	在海南三亚召开全国现代种业发展暨南繁硅谷建设工作会议。农业农村部授予50个单位“全国农业植物新品种保护先进集体”称号，授予100名同志“全国农业植物新品种保护先进个人”称号。
13日	由农业农村部科技发展中心（农业农村部植物新品种测试中心）等完成的《水稻等五种主要农作物DUS测试技术标准和数据库建立及应用》获2018—2019年度神农中华农业科技奖二等奖。
17日	农业农村部植物新品种复审委员会做出《关于“建两优117”等3件植物新品种复审案件的审理决定》。
19日	发布中华人民共和国农业农村部公告第244号，授权800件。

附录三　2019年农业植物新品种保护重要文件

中华人民共和国农业农村部令

2019年第1号

《中华人民共和国农业植物品种保护名录（第十一批）》已经2019年2月1日农业农村部第2次常务会议审议通过，现予发布，自2019年4月1日起施行。

部长

2019年2月22日

中华人民共和国农业植物品种保护名录

（第十一批）

序号	属或者种名	学名
1	甜菜	*Beta vulgaris* L.
2	稷（糜子）	*Panicum miliaceum* L.
3	大麻槿（红麻）	*Hibiscus cannabinus* L.
4	可可	*Theobroma cacao* L.
5	苋属	*Amaranthus* L.
6	狗牙根属	*Cynodon* Rich.
7	鸭茅	*Dactylis glomerata* L.
8	红车轴草（红三叶）	*Trifolium pratense* L.
9	黑麦草属	*Lolium* L.
10	羊茅属	*Festuca* L.
11	狼尾草属	*Pennisetum* Rich.
12	白车轴草（白三叶）	*Trifolium repens* L.
13	魔芋属	*Amorphophallus* Bl. ex Decne.
14	芋	*Colocasia esculenta* (L.) Schott
15	荠	*Capsella bursa-pastoris* (L.) Medic.
16	蕹菜（空心菜）	*Ipomoea aquatica* Forsk.
17	芫荽（香菜）	*Coriandrum sativum* L.
18	韭菜	*Allium tuberosum* Rottl. ex Spreng.
19	紫苏	*Perilla frutescens* (L.) Britt.
20	芭蕉属	*Musa* L.
21	量天尺属	*Hylocereus* (Berg.) Britt. et Rose
22	西番莲属	*Passiflora* L.
23	梅	*Prunus mume* Sieb. et Zucc
24	石蒜属	*Lycoris* Herb.
25	睡莲属	*Nymphaea* L.
26	天竺葵属	*Pelargonium* L' Herit. ex Ait.
27	鸢尾属	*Iris* L.
28	芍药组	*Paeonia* Sect. *Paeonia* DC. Prodr.

（续）

序号	属或者种名	学名
29	六出花属	*Alstroemeria* L.
30	香雪兰属	*Freesia* Klatt
31	蟹爪兰属	*Zygocactus* K. Schum.
32	朱顶红属	*Hippeastrum* Herb.
33	满天星	*Gypsophila paniculata* L.
34	金针菇	*Flammulina velutipes* (E.) Singer
35	蛹虫草	*Cordyceps militaris* (L. ex Fr.) Link.
36	长根菇	*Hymenopellis raphanipes* (Berk.) R. H. Pertersen
37	猴头菌	*Hericium erinaceum* (Bull.) Pers.
38	毛木耳	*Auricularia cornea* Ehrenb.
39	蝉花	*Isaria cicadae* Miquel
40	真姬菇	*Hypsizygus marmoreus* (Peck) H. E. Bigelow
41	平菇（糙皮侧耳、弗罗里达侧耳）	*Pleurotus ostreatus* (Jacq.) P. Kumm. & *Pleurotus floridanus* Singer
42	秀珍菇（肺形侧耳）	*Pleurotus pulmonarius* (Fr.) Quél.
43	红花	*Carthamus tinctorius* L.
44	淫羊藿属	*Epimedium* L.
45	松果菊属	*Echinacea* Moench.
46	金银花	*Lonicera japonica* Thumb.
47	柴胡属	*Bupleurum* L.
48	黄芪属	*Astragalus* L.
49	美丽鸡血藤（牛大力）	*Callerya speciosa* (Champ. Ex Benth.) Schot
50	穿心莲	*Andrographis paniculata* (Burm. f.) Nees
51	丹参	*Salvia miltiorrhiza* Bge.
52	黄花蒿	*Artemisia annua* L.
53	砂仁	*Amomum villosum* Lour.

中华人民共和国农业农村部公告

第134号

"龙垦201"等水稻、玉米、普通小麦、大豆、花生、甘薯、谷子、高粱、大麦属、绿豆、芝麻、甘蔗属、小豆、马铃薯、普通番茄、普通结球甘蓝、不结球白菜、芥蓝、菊属、石竹属、百合属、花烛属、莲、蝴蝶兰属、秋海棠属、萱草属、梨属、葡萄属、杨梅属、凤梨属、结缕草、茶组等32个植物种类583个品种，经农业农村部科技发展中心审查，农业农村部植物新品种保护办公室复核，符合《植物新品种保护条例》和《植物新品种保护条例实施细则（农业部分）》的要求，现对其授予植物新品种权并予公告。

农业农村部

2019年1月31日

注：本公告授权品种名单汇总于附录四。

中华人民共和国农业农村部公告

第177号

"深两优973"等水稻、玉米、普通小麦、大豆、甘蓝型油菜、大麦属、棉属、甘蔗属、马铃薯、蝴蝶兰属、梨属、桃、荔枝、苹果属、香蕉、猕猴桃属、葡萄属、李、橡胶树、茶组、三七等21个植物种类318个品种，经农业农村部科技发展中心审查，农业农村部植物新品种保护办公室复核，符合《植物新品种保护条例》和《植物新品种保护条例实施细则（农业部分）》的要求，现对其授予植物新品种权并予公告。

农业农村部

2019年5月24日

注：本公告授权品种名单汇总于附录四。

中华人民共和国农业农村部公告

第195号

“松粳22”等水稻、玉米、普通小麦、大豆、花生、谷子、棉属、蚕豆、绿豆、小豆、向日葵、大白菜、马铃薯、普通番茄、黄瓜、辣椒属、普通西瓜、普通结球甘蓝、茄子、菜豆、西葫芦、花椰菜、甜瓜、苦瓜、芥菜、南瓜、菊属、蝴蝶兰属、苹果属、柑橘属、葡萄属、草莓共32个植物种类587个品种，经农业农村部科技发展中心审查，农业农村部植物新品种保护办公室复核，符合《植物新品种保护条例》和《植物新品种保护条例实施细则（农业部分）》的要求，现对其授予植物新品种权。

特此公告。

农业农村部

2019年7月22日

注：本公告授权品种名单汇总于附录四。

中华人民共和国农业农村部公告

第244号

"卓201S"等水稻、玉米、普通小麦、大豆、花生、甘薯、谷子、高粱、棉属、蚕豆、绿豆、向日葵、蓖麻、大白菜、马铃薯、普通番茄、黄瓜、辣椒属、普通西瓜、普通结球甘蓝、茄子、甜瓜、苦瓜、冬瓜、丝瓜属、菊属、石竹属、兰属、百合属、非洲菊、花烛属、蝴蝶兰属、秋海棠属、新几内亚凤仙花、石斛属、梨属、荔枝、柑橘属、香蕉、猕猴桃属、葡萄属、草莓、凤梨属、茶组、甜菊（甜叶菊）共45个植物属种800个品种，经审查，符合《植物新品种保护条例》和《植物新品种保护条例实施细则（农业部分）》的要求，现对其授予植物新品种权。

特此公告。

农业农村部

2019年12月19日

注：本公告授权品种名单汇总于附录四。

农业农村部植物新品种保护办公室公告

2019年第2号

第十一批农业植物品种保护名录繁殖材料递交数量和质量要求

根据《中华人民共和国植物新品种保护条例》《中华人民共和国植物新品种保护条例实施细则》（农业部分）规定以及相关植物（新）品种测试指南要求，现将品种权申请人申请第十一批农业植物品种保护名录属（种）需要提供的繁殖材料有关要求公告如下：

序号	植物种类	学名	数量	质量（%）		
				发芽率 ≥	净度 ≥	含水量 ≤
1	甜菜 种子	*Beta vulgaris* L.	1 000g	80	98	12
2	稷（糜子） 种子	*Panicum miliaceum* L.	500g	85	98	13
3	大麻槿 （红麻） 种子	*Hibiscus cannabinus* L.	1 000g	95	99	13
4	可可 嫁接苗	*Theobroma cacao* L.	6株	外观健康，健壮，无病虫侵害		
5	量天尺属 （1）植株 （2）茎段	*Hylocereus*（*Berg.*） Britt. et Rose	5株	一年生植株：根系生长正常，长势旺盛，无病虫害。		
			10个	一年生健壮、无病虫害，长≥30cm		
6	西番莲属 （1）扦插苗 （2）实生苗 （3）嫁接苗	*Passiflora* L.	10株	苗高20cm，半木质化 离土面10cm处直径≥0.3cm，株高≥15cm 接穗抽生达≥15cm，植株中部直径≥0.5cm		
7	梅 嫁接苗	*Prunus mume* Sieb.et Zucc	10株	一年生梅砧，苗高0.8～1.0m，嫁接口上5cm处直径≥0.8cm，根系完整		
8	睡莲属 （1）地下茎 （2）块茎	*Nymphaea* L.	15支	新鲜，有1个完整的主芽及1～2个侧芽，外观健康，无病虫侵害		
9	天竺葵属 （1）种子 （2）种苗	*Pelargonium* L' Herit.ex Ait.	600粒	80	90	9
			35株	外观健康，生根良好，无病虫侵害		

（续）

序号	植物种类	学名	数量	质量（%）		
				发芽率 ≥	净度 ≥	含水量 ≤
10	鸢尾属 （1）根茎 （2）种苗 （3）种球	*Iris* L.	20株	有髯鸢尾，当年可开花，无病虫侵害		
			12株	无髯鸢尾，3年生，根基完整，芽体饱满，外观健康，无病虫侵害		
			30个	球根鸢尾，外观健康，无病虫侵害		
11	芍药组 种苗	*Paeonia Sect.paeonia* DC. Prodr.	15株	3年生，具有3个以上混合芽，生长势强，无病虫侵害		
12	六出花属 （1）种子 （2）根状茎	*Alstroemeria* L.	500粒	80	98	13
			25个	外观健康，活力高，无病虫侵害		
13	香雪兰属 种球	*Freesia* Klatt	40粒	围径达到5cm，当年可开花，外观健康，无病虫侵害		
14	蟹爪兰属 种苗	*Zygocactus* K. Schum.	32株	当年新苗，有1～2个成熟茎节，根系完整，外观健康，无病虫侵害		
15	朱顶红属 种球	*Hippeastrum* Herb.	25个	当年可开花，外观健康，无病虫侵害		
16	满天星 种苗	*Gypsophila paniculata* L.	50株	地径≥0.2cm，叶片数≥14片，根系新鲜、完好		
17	金针菇 母种	*Flammulina velutipes*（E.）Singer	3支	试管规格（180～200）mm×（18～20）mm，使用PDA培养基，菌龄7～10天，菌丝活力强		
18	蛹虫草 母种	*Cordyceps militaris*（L. ex Fr.）Link.	3支	试管规格（180～200）mm×（18～20）mm，使用PDA培养基，菌龄10～14天，25℃培育，菌丝活力强		
19	长根菇 母种	*Hymenopellis raphanipes* (Berk.) R.H. Pertersen	3支	试管规格（180～200）mm×（18～20）mm，使用PDA培养基，25℃培育，菌龄7～9天，菌丝活力强		
20	猴头菌 母种	*Hericium erinaceum*（Bull.）Pers.	3支	试管规格（180～200）mm×（18～20）mm，使用PDA培养基，25℃培育，菌龄10～14天，菌丝活力强		
21	毛木耳 母种	*Auricularia cornea* Ehrenb.	3支	试管规格（180～200）mm×（18～20）mm，使用PDA培养基，菌龄7～10天，菌丝活力强		
22	蝉花 母种	*Isaria cicadae* Miquel	3支	试管规格（180～200）mm×（18～20）mm，使用PDA培养基，25℃培育，菌龄10～14天，菌丝活力强		

（续）

序号	植物种类	学名	数量	质量（%）		
				发芽率 ≥	净度 ≥	含水量 ≤
23	真姬菇 母种	*Hypsizygus marmoreus*（Peck）H.E. Bigelow	3支	试管规格（180～200）mm×（18～20）mm，使用PDA培养基，25℃培育，菌龄10～14天，菌丝活力强		
24	平菇（糙皮侧耳、佛罗里达侧耳） 母种	*Pleurotus ostreatus*（Jacq.）P. Kumm. & *Pleurotus floridanus* Singer	3支	试管规格（180～200）mm×（18～20）mm，使用PDA培养基，25℃培育，菌龄7～9天，菌丝活力强		
25	秀珍菇（肺形侧耳） 母种	*Pleurotus pulmonarius*（Fr.）Quél.	3支	试管规格（180～200）mm×（18～20）mm，使用PDA培养基，25℃培育，菌龄7～9天，菌丝活力强		
26	狗牙根属 （1）种子 （2）营养茎	*Cynodon* Rich.	200g	85	95	11
			300个	单株有两个茎节，外观健康，无病虫侵害		
27	鸭茅 种子	*Dactylis glomerata* L.	1 000g	85	95	11
28	红车轴草（红三叶） 种子	*Trifolium pratense* L.	1 000g	80	85	12
29	黑麦草属 种子	*Lolium* L.	1 500g	85	99	12
30	羊茅属 种子	*Festuca* L.	1 500g	90	98	11
31	狼尾草属 （1）种子 （2）种茎	*Pennisetum* Rich.	500g	80	99	12
			200条	适用于象草和杂交狼尾草品种，双芽，直径大于0.5cm		
32	白车轴草（白三叶） 种子	*Trifolium repens* L.	500g	60	80	12
33	苋属 种子	*Amaranthus* L.	100g	85	99	12
34	魔芋 球茎	*Amorphophallus* Bl. ex Decne.	50个	直径≥5cm，个体间均一，外观健康，活力高，无病虫侵害		
35	芋 球茎	*Colocasia esculenta*（L.）Schott	30个	符合本品种特性的种芋，外观健康，活力高，无病虫侵害		
36	荠 种子	*Capsella bursa-pastoris*（L.）Medic.	10g	70	98	8

（续）

序号	植物种类	学名	数量	质量（%）		
				发芽率 ≥	净度 ≥	含水量 ≤
37	蕹菜（空心菜）（1）种子	*Ipomoea aquatica* Forsk.	200g	75	99	13
	（2）种苗		60个	适用于藤蕹品种，有3个以上节，2根以上正常根系		
38	芫荽种子	*Coriandrum sativum* L.	100g	80	98	10
39	韭菜（1）种子	*Allium tuberosum* Rottl. ex Spreng.	20g	外观健康，活力高，无病虫侵害		
	（2）鳞茎		200个	一年生，外观健康，活力高，无病虫侵害		
40	石蒜属鳞茎	*Lycoris* Herb.	50个	外观健康，活力高，无病虫侵害		
41	紫苏种子	*Perilla frutescens*（L.）Britt.	25g或6 000粒	75	95	8
42	红花种子	*Carthamus tinctorius* L.	2 000g或10 000粒	90	99	12
43	淫羊藿属（1）实生苗	*Epimedium* L.	60株	苗龄两年以上，且一年内可开花		
	（2）根状茎		60株	包含2个以上芽苞，芽苞基部直径≥4mm		
44	松果菊属（1）幼苗	*Echinacea* Moench.	24株	叶片数4～6片，根系完整，外观健康，无病虫侵害		
	（2）种子		12g	65	95	10
45	金银花扦插苗	*Lonicera japonica* Thumb.	20株	外观健康，活力高，无病虫侵害		
46	柴胡属种子	*Bupleurum* L.	20g	80	100	12
47	黄芪属种子	*Astragalus* L.	100g	70	100	12
48	美丽鸡血藤（牛大力）种苗	*Callerya speciosa*（Champ. ExBenth.）Schot	15株	主茎长≥20cm，带有5片以上复叶，容器苗		
49	穿心莲种子	*Andrographis paniculata*（Burm. f.）Nees	200g	85	98	10
50	丹参（1）种子	*Salvia miltiorrhiza* Bge.	10g	70	98	12
	（2）种根		180条	一年生侧根，直径0.8～1cm，长度≥10cm，未淹水、未受冻，无机械损伤		

（续）

序号	植物种类	学名	数量	质量（%）		
				发芽率 ≥	净度 ≥	含水量 ≤
51	砂仁 种苗	*Amonmum villosum* Lour.	40株	株高约0.6m，根茎有1个以上嫩芽，植株健壮，分生能力强		
52	黄花蒿 种子	*Artemisia annua* Linn	20g	70	50	11
53	芭蕉属 （1）吸芽苗 （2）组培苗	*Musa* L.	20株	吸芽应为剑叶芽，假茎高度30～50cm，小叶3～6片		
				增殖代数不超过9代，假茎高度8～20cm，定植时苗龄6～12片绿叶		

注：（1）本表所列数量、发芽率、净度为最低下限；
（2）本表所列含水量为最高上限；
（3）如果是杂交种，其数量为一个测试生长季节的量。

特此公告。

2019年2月22日

附录四　2019年授权品种名单

公告号	品种权号	品种名称	植物属种	品种权人	授权日
CNA011996G	CNA20140155.3	E331	水稻	北京金色农华种业科技股份有限公司	2019/1/31
CNA011997G	CNA20140200.8	ZR300	水稻	北京金色农华种业科技股份有限公司	2019/1/31
CNA011998G	CNA20140447.1	绿旱1S	水稻	安徽省农业科学院水稻研究所	2019/1/31
CNA011999G	CNA20141201.5	广4两优674	水稻	湖南隆平种业有限公司	2019/1/31
CNA012000G	CNA20141527.2	龙洋13	水稻	黑龙江省五常市民乐水稻研究所	2019/1/31
CNA012001G	CNA20141691.2	吉粳513	水稻	吉林省农业科学院；吉林吉农水稻高新科技发展有限责任公司	2019/1/31
CNA012002G	CNA20141753.7	隆两优1212	水稻	袁隆平农业高科技股份有限公司；湖南亚华种业科学研究院	2019/1/31
CNA012003G	CNA20141761.7	隆粳90	水稻	国家粳稻工程技术研究中心	2019/1/31
CNA012004G	CNA20150118.8	隆粳1号	水稻	天津天隆科技股份有限公司	2019/1/31
CNA012005G	CNA20150419.4	南粳3908	水稻	江苏省农业科学院；江苏明天种业科技股份有限公司	2019/1/31
CNA012006G	CNA20150420.1	南粳505	水稻	江苏省农业科学院	2019/1/31
CNA012007G	CNA20150424.7	宁籼2A	水稻	江苏省农业科学院	2019/1/31
CNA012008G	CNA20150425.6	南粳3818	水稻	江苏省农业科学院	2019/1/31
CNA012009G	CNA20150430.9	南粳3844	水稻	江苏省农业科学院	2019/1/31
CNA012010G	CNA20150491.5	新优丝苗	水稻	安徽荃银种业科技有限公司；安徽荃银高科种业股份有限公司	2019/1/31
CNA012011G	CNA20150543.3	连粳12号	水稻	连云港市农业科学院；江苏省金地种业科技有限公司	2019/1/31
CNA012012G	CNA20150579.0	袖珍稻1号	水稻	河南师范大学；河南丰源种子有限公司	2019/1/31
CNA012013G	CNA20150634.3	壹粳	水稻	庆安县满禾堂食品经销有限公司	2019/1/31
CNA012014G	CNA20150649.6	13H358	水稻	中国种子集团有限公司；湖南农业大学	2019/1/31
CNA012015G	CNA20150795.8	龙庆稻4号	水稻	庆安县北方绿洲稻作研究所	2019/1/31
CNA012016G	CNA20150796.7	连糯2号	水稻	江苏省大华种业集团有限公司；安徽省紫芦湖良种繁殖场	2019/1/31
CNA012017G	CNA20150808.3	沪旱123号	水稻	上海市农业生物基因中心	2019/1/31
CNA012018G	CNA20150863.5	连稻99	水稻	江苏年年丰农业科技有限公司	2019/1/31
CNA012019G	CNA20150870.6	郑稻20	水稻	河南省农业科学院	2019/1/31
CNA012020G	CNA20150871.5	郑稻21	水稻	河南省农业科学院	2019/1/31

（续）

公告号	品种权号	品种名称	植物属种	品种权人	授权日
CNA012021G	CNA20150919.9	垦稻28	水稻	北大荒垦丰种业股份有限公司	2019/1/31
CNA012022G	CNA20150920.6	垦稻29	水稻	北大荒垦丰种业股份有限公司	2019/1/31
CNA012023G	CNA20150986.7	春江98A	水稻	中国水稻研究所	2019/1/31
CNA012024G	CNA20150987.6	春优927	水稻	中国水稻研究所	2019/1/31
CNA012025G	CNA20150988.5	春江99A	水稻	中国水稻研究所	2019/1/31
CNA012026G	CNA20151001.6	绥育108002	水稻	黑龙江省农业科学院绥化分院	2019/1/31
CNA012027G	CNA20151005.2	粳RP02	水稻	安徽绿亿种业有限公司	2019/1/31
CNA012028G	CNA20151006.1	粳R507	水稻	安徽绿亿种业有限公司	2019/1/31
CNA012029G	CNA20151137.3	武育粳33号	水稻	江苏（武进）水稻研究所；长江大学；中国农业科学院作物科学研究所	2019/1/31
CNA012030G	CNA20151272.8	广8优华占	水稻	北京金色农华种业科技股份有限公司；广东省农业科学院水稻研究所	2019/1/31
CNA012031G	CNA20151278.2	垦稻139	水稻	河北省农林科学院滨海农业研究所	2019/1/31
CNA012032G	CNA20151281.7	香糯5	水稻	河北省农林科学院滨海农业研究所	2019/1/31
CNA012033G	CNA20151313.9	粮98S	水稻	湖南粮安科技股份有限公司	2019/1/31
CNA012034G	CNA20151353.0	湘恢59	水稻	长沙奥林生物科技有限公司	2019/1/31
CNA012035G	CNA20151356.7	湘恢49	水稻	长沙奥林生物科技有限公司	2019/1/31
CNA012036G	CNA20151368.3	浙优13	水稻	浙江省农业科学院作物与核技术利用研究所	2019/1/31
CNA012037G	CNA20151390.5	扬粳113	水稻	江苏里下河地区农业科学研究所	2019/1/31
CNA012038G	CNA20151401.2	得月729A	水稻	四川得月科技种业有限公司；四川卓豪农业有限公司	2019/1/31
CNA012039G	CNA20151404.9	焦香粳082	水稻	焦作市农林科学研究院	2019/1/31
CNA012040G	CNA20151405.8	焦粳11号	水稻	焦作市农林科学研究院	2019/1/31
CNA012041G	CNA20151407.6	信粳18	水稻	信阳市农业科学院	2019/1/31
CNA012042G	CNA20151448.7	PL69S	水稻	江苏焦点农业科技有限公司	2019/1/31
CNA012043G	CNA20151477.1	龙垦201	水稻	北大荒垦丰种业股份有限公司	2019/1/31
CNA012044G	CNA20151519.1	R6767	水稻	北京未名凯拓作物设计中心有限公司	2019/1/31
CNA012045G	CNA20151529.9	三江6号	水稻	北大荒垦丰种业股份有限公司	2019/1/31
CNA012046G	CNA20151551.0	WP786	水稻	北京未名凯拓作物设计中心有限公司	2019/1/31
CNA012047G	CNA20151564.5	龙粳1407	水稻	黑龙江省农业科学院佳木斯水稻研究所；佳木斯龙粳种业有限公司	2019/1/31

（续）

公告号	品种权号	品种名称	植物属种	品种权人	授权日
CNA012048G	CNA20151566.3	龙粳1427	水稻	黑龙江省农业科学院佳木斯水稻研究所；佳木斯龙粳种业有限公司	2019/1/31
CNA012049G	CNA20151567.2	龙粳1429	水稻	黑龙江省农业科学院佳木斯水稻研究所；佳木斯龙粳种业有限公司	2019/1/31
CNA012050G	CNA20151568.1	龙粳1431	水稻	黑龙江省农业科学院佳木斯水稻研究所；佳木斯龙粳种业有限公司	2019/1/31
CNA012051G	CNA20151569.0	龙粳1432	水稻	黑龙江省农业科学院佳木斯水稻研究所；佳木斯龙粳种业有限公司	2019/1/31
CNA012052G	CNA20151570.7	龙粳1491	水稻	黑龙江省农业科学院佳木斯水稻研究所；佳木斯龙粳种业有限公司	2019/1/31
CNA012053G	CNA20151573.4	信香粳1号	水稻	信阳市农业科学院	2019/1/31
CNA012054G	CNA20151574.3	信粳1787	水稻	信阳市农业科学院	2019/1/31
CNA012055G	CNA20151584.1	恒祥糯9号	水稻	怀远县恒祥农业研究所	2019/1/31
CNA012056G	CNA20151717.1	盐161S	水稻	江苏沿海地区农业科学研究所	2019/1/31
CNA012057G	CNA20151736.8	绿占1号	水稻	安徽绿亿种业有限公司	2019/1/31
CNA012058G	CNA20151737.7	绿占2号	水稻	安徽绿亿种业有限公司	2019/1/31
CNA012059G	CNA20151738.6	玉稻5188	水稻	河南师范大学	2019/1/31
CNA012060G	CNA20151778.7	深两优143	水稻	湖南金健种业科技有限公司	2019/1/31
CNA012061G	CNA20151779.6	深两优1033	水稻	湖南金健种业科技有限公司	2019/1/31
CNA012062G	CNA20151783.0	两优336	水稻	湖南金健种业科技有限公司	2019/1/31
CNA012063G	CNA20151919.7	M280	水稻	江西金信种业有限公司	2019/1/31
CNA012064G	CNA20160999.1	荃两优丝苗	水稻	安徽荃银高科种业股份有限公司；广东省农业科学院水稻研究所	2019/1/31
CNA012065G	CNA20162337.8	Y两优9826	水稻	信阳市农业科学院	2019/1/31
CNA012066G	CNA20170006.1	甬优7850	水稻	宁波市种子有限公司	2019/1/31
CNA012067G	CNA20170155.0	Y两优957	水稻	湖南袁创超级稻技术有限公司	2019/1/31
CNA012068G	CNA20170919.7	和两优713	水稻	广西恒茂农业科技有限公司	2019/1/31
CNA012069G	CNA20171237.0	龙粳69	水稻	黑龙江省农业科学院佳木斯水稻研究所；佳木斯龙粳种业有限公司	2019/1/31
CNA012070G	CNA20171238.9	龙粳66	水稻	黑龙江省农业科学院佳木斯水稻研究所；佳木斯龙粳种业有限公司	2019/1/31
CNA012071G	CNA20171691.9	锦两优华占	水稻	袁隆平农业高科技股份有限公司；湖南亚华种业科学研究院	2019/1/31
CNA012072G	CNA20173697.9	黑粳9号	水稻	黑龙江省农业科学院黑河分院	2019/1/31
CNA012073G	CNA20173737.1	天两优3000	水稻	湖南奥谱隆科技股份有限公司	2019/1/31

（续）

公告号	品种权号	品种名称	植物属种	品种权人	授权日
CNA012074G	CNA20180628.8	龙粳67	水稻	黑龙江省农业科学院佳木斯水稻研究所	2019/1/31
CNA012075G	CNA20180664.3	豪运粳2278	水稻	安徽国豪农业科技有限公司	2019/1/31
CNA012076G	CNA20180768.8	科优139	水稻	江苏红旗种业股份有限公司；安徽红旗种业科技有限公司	2019/1/31
CNA012077G	CNA20131134.8	吉农大401	玉米	吉林省梨玉种业有限公司	2019/1/31
CNA012078G	CNA20140826.2	JC1293	玉米	河南金苑种业股份有限公司	2019/1/31
CNA012079G	CNA20141196.2	F33	玉米	西北农林科技大学	2019/1/31
CNA012080G	CNA20141250.5	JHx1132	玉米	莱州市金海作物研究所有限公司	2019/1/31
CNA012081G	CNA20141254.1	金海8341	玉米	莱州市金海作物研究所有限公司	2019/1/31
CNA012082G	CNA20141396.0	S462	玉米	吉林省禾冠种业有限公司	2019/1/31
CNA012083G	CNA20141465.6	H414	玉米	通辽市厚德种业有限责任公司	2019/1/31
CNA012084G	CNA20141472.7	NK971	玉米	北京市农林科学院	2019/1/31
CNA012085G	CNA20141500.3	中地88	玉米	中地种业（集团）有限公司	2019/1/31
CNA012086G	CNA20141529.0	M1002	玉米	内蒙古利禾农业科技发展有限公司	2019/1/31
CNA012087G	CNA20141530.7	F2001	玉米	内蒙古利禾农业科技发展有限公司	2019/1/31
CNA012088G	CNA20141531.6	利禾1	玉米	内蒙古利禾农业科技发展有限公司	2019/1/31
CNA012089G	CNA20141589.7	HX113	玉米	河南怀川种业有限责任公司	2019/1/31
CNA012090G	CNA20141598.6	梅亚8066	玉米	黑龙江梅亚种业有限公司	2019/1/31
CNA012091G	CNA20141629.9	垦玉60	玉米	甘肃农垦良种有限责任公司	2019/1/31
CNA012092G	CNA20150045.6	丰田406	玉米	赤峰市丰田科技种业有限责任公司	2019/1/31
CNA012093G	CNA20150049.2	SWL130	玉米	上海市农业科学院	2019/1/31
CNA012094G	CNA20150051.7	SWL88	玉米	上海市农业科学院	2019/1/31
CNA012095G	CNA20150094.6	利单295	玉米	利马格兰欧洲	2019/1/31
CNA012096G	CNA20150267.7	金岛88	玉米	葫芦岛市种业有限责任公司	2019/1/31
CNA012097G	CNA20150268.6	金岛99	玉米	葫芦岛市种业有限责任公司	2019/1/31
CNA012098G	CNA20150311.3	万甜2015	玉米	河北华穗种业有限公司	2019/1/31
CNA012099G	CNA20150367.6	T37	玉米	荆州区恒丰种业发展中心；中国种子集团有限公司	2019/1/31
CNA012100G	CNA20150368.5	WH818	玉米	荆州区恒丰种业发展中心；中国种子集团有限公司	2019/1/31
CNA012101G	CNA20150404.1	镜泊湖绿单4号	玉米	牡丹江市绿丰种业有限公司	2019/1/31
CNA012102G	CNA20150435.4	MM229	玉米	西北农林科技大学	2019/1/31

（续）

公告号	品种权号	品种名称	植物属种	品种权人	授权日
CNA012103G	CNA20150444.3	京滇8号	玉米	云南京滇种业有限公司	2019/1/31
CNA012104G	CNA20150450.4	WFC0427	玉米	曹冬梅；徐英华；曹丕元	2019/1/31
CNA012105G	CNA20150451.3	大唐128	玉米	陕西大唐种业股份有限公司	2019/1/31
CNA012106G	CNA20150452.2	大唐136	玉米	陕西大唐种业股份有限公司	2019/1/31
CNA012107G	CNA20150453.1	H85	玉米	陕西大唐种业股份有限公司	2019/1/31
CNA012108G	CNA20150466.6	庐玉9304	玉米	安徽华安种业有限责任公司；安徽省农业科学院烟草研究所	2019/1/31
CNA012109G	CNA20150480.8	H1118	玉米	山东士海种业有限公司	2019/1/31
CNA012110G	CNA20150481.7	T2721	玉米	郯城县种子公司	2019/1/31
CNA012111G	CNA20150482.6	T3401	玉米	郯城县种子公司	2019/1/31
CNA012112G	CNA20150516.6	F784	玉米	桦甸市秋丰农业科学研究所	2019/1/31
CNA012113G	CNA20150517.5	甸12164	玉米	桦甸市秋丰农业科学研究所	2019/1/31
CNA012114G	CNA20150518.4	甸M383	玉米	桦甸市秋丰农业科学研究所	2019/1/31
CNA012115G	CNA20150531.7	H0669	玉米	山东华良种业有限公司	2019/1/31
CNA012116G	CNA20150532.6	H3317	玉米	山东华良种业有限公司	2019/1/31
CNA012117G	CNA20150534.4	XX658	玉米	山东先行种业有限公司	2019/1/31
CNA012118G	CNA20150535.3	T5320	玉米	北京屯玉种业有限责任公司	2019/1/31
CNA012119G	CNA20150554.9	ST1501	玉米	申怀庆	2019/1/31
CNA012120G	CNA20150555.8	ST1506	玉米	申怀庆	2019/1/31
CNA012121G	CNA20150584.3	ST1508	玉米	申怀庆	2019/1/31
CNA012122G	CNA20150589.8	蠡108	玉米	石家庄蠡玉科技开发有限公司	2019/1/31
CNA012123G	CNA20150590.5	L987	玉米	石家庄蠡玉科技开发有限公司	2019/1/31
CNA012124G	CNA20150591.4	L117	玉米	石家庄蠡玉科技开发有限公司	2019/1/31
CNA012125G	CNA20150609.4	ZH801	玉米	北京金色农华种业科技股份有限公司	2019/1/31
CNA012126G	CNA20150610.1	H771	玉米	北京金色农华种业科技股份有限公司	2019/1/31
CNA012127G	CNA20150613.8	ZH107	玉米	北京金色农华种业科技股份有限公司	2019/1/31
CNA012128G	CNA20150678.0	H22	玉米	哈尔滨市金牛种业有限公司	2019/1/31
CNA012129G	CNA20150679.9	MC7122111	玉米	河南滑丰种业科技有限公司	2019/1/31
CNA012130G	CNA20150686.0	MYA01	玉米	长春市美誉天成玉米研究所	2019/1/31
CNA012131G	CNA20150687.9	TCB01	玉米	长春市美誉天成玉米研究所	2019/1/31
CNA012132G	CNA20150688.8	凤育6	玉米	公主岭国家农业科技园区高科作物育种研究所	2019/1/31

（续）

公告号	品种权号	品种名称	植物属种	品种权人	授权日
CNA012133G	CNA20150701.1	NH1302	玉米	北京金色农华种业科技股份有限公司	2019/1/31
CNA012134G	CNA20150784.1	Z58H1	玉米	吉林省丰泽种业有限责任公司	2019/1/31
CNA012135G	CNA20150793.0	绿糯5号	玉米	公主岭市绿育农业科学研究所	2019/1/31
CNA012136G	CNA20150794.9	赛玉558	玉米	吉林市宝丰种业有限公司	2019/1/31
CNA012137G	CNA20150797.6	赛玉529	玉米	吉林市宝丰种业有限公司	2019/1/31
CNA012138G	CNA20150825.2	鲁宁776	玉米	济宁市农业科学研究院	2019/1/31
CNA012139G	CNA20150826.1	鲁宁184	玉米	济宁市农业科学研究院	2019/1/31
CNA012140G	CNA20150827.0	宏硕313	玉米	丹东宏硕种业科技有限公司	2019/1/31
CNA012141G	CNA20150828.9	54W	玉米	丹东市振安区丹兴玉米育种研究所	2019/1/31
CNA012142G	CNA20150829.8	HM99B	玉米	丹东宏硕种业科技有限公司	2019/1/31
CNA012143G	CNA20150830.5	H29	玉米	丹东宏硕种业科技有限公司	2019/1/31
CNA012144G	CNA20150831.4	H72197	玉米	丹东宏硕种业科技有限公司	2019/1/31
CNA012145G	CNA20150832.3	H99368	玉米	丹东宏硕种业科技有限公司	2019/1/31
CNA012146G	CNA20150834.1	H9899180	玉米	丹东宏硕种业科技有限公司	2019/1/31
CNA012147G	CNA20150836.9	宏硕737	玉米	丹东市振安区丹兴玉米育种研究所	2019/1/31
CNA012148G	CNA20150837.8	PH1DP2	玉米	先锋国际良种公司	2019/1/31
CNA012149G	CNA20150839.6	PH1N2D	玉米	先锋国际良种公司	2019/1/31
CNA012150G	CNA20150840.3	PH1N2F	玉米	先锋国际良种公司	2019/1/31
CNA012151G	CNA20150841.2	PH11YB	玉米	先锋国际良种公司	2019/1/31
CNA012152G	CNA20150842.1	PH1CPS	玉米	先锋国际良种公司	2019/1/31
CNA012153G	CNA20150843.0	PH11VR	玉米	先锋国际良种公司	2019/1/31
CNA012154G	CNA20150844.9	PH1JYA	玉米	先锋国际良种公司	2019/1/31
CNA012155G	CNA20150862.6	SL709	玉米	钱淑玲	2019/1/31
CNA012156G	CNA20150866.2	农丰128	玉米	孟州市农丰种子科技有限公司	2019/1/31
CNA012157G	CNA20150872.4	铁0941	玉米	铁岭市农业科学院	2019/1/31
CNA012158G	CNA20150873.3	铁研919	玉米	铁岭市农业科学院	2019/1/31
CNA012159G	CNA20150888.6	银河165	玉米	吉林银河种业科技有限公司	2019/1/31
CNA012160G	CNA20150889.5	银河170	玉米	吉林银河种业科技有限公司	2019/1/31
CNA012161G	CNA20150946.6	J0474	玉米	焦作联丰良种工程技术有限公司	2019/1/31
CNA012162G	CNA20150947.5	J0811	玉米	焦作联丰良种工程技术有限公司	2019/1/31
CNA012163G	CNA20150948.4	J0823	玉米	焦作联丰良种工程技术有限公司	2019/1/31
CNA012164G	CNA20150949.3	J0941	玉米	焦作联丰良种工程技术有限公司	2019/1/31

（续）

公告号	品种权号	品种名称	植物属种	品种权人	授权日
CNA012165G	CNA20150950.9	J1087	玉米	焦作联丰良种工程技术有限公司	2019/1/31
CNA012166G	CNA20150951.8	zj201	玉米	北京联丰良种技术有限公司	2019/1/31
CNA012167G	CNA20150953.6	Hy01	玉米	焦作联丰良种工程技术有限公司	2019/1/31
CNA012168G	CNA20150954.5	D210	玉米	焦作联丰良种工程技术有限公司	2019/1/31
CNA012169G	CNA20150956.3	J0264	玉米	焦作联丰良种工程技术有限公司	2019/1/31
CNA012170G	CNA20150957.2	J0353	玉米	焦作联丰良种工程技术有限公司	2019/1/31
CNA012171G	CNA20150958.1	J0445	玉米	焦作联丰良种工程技术有限公司	2019/1/31
CNA012172G	CNA20150965.2	先玉042	玉米	先锋国际良种公司	2019/1/31
CNA012173G	CNA20150966.1	先玉1213	玉米	先锋国际良种公司	2019/1/31
CNA012174G	CNA20150967.0	先玉1224	玉米	先锋国际良种公司	2019/1/31
CNA012175G	CNA20150971.4	先玉1356	玉米	先锋国际良种公司	2019/1/31
CNA012176G	CNA20150972.3	先玉1363	玉米	先锋国际良种公司	2019/1/31
CNA012177G	CNA20150974.1	先玉1409	玉米	先锋国际良种公司	2019/1/31
CNA012178G	CNA20150983.0	L119A	玉米	河南农业大学	2019/1/31
CNA012179G	CNA20150985.8	L217	玉米	河南农业大学	2019/1/31
CNA012180G	CNA20150990.1	正玉10号	玉米	河南正粮种业有限公司	2019/1/31
CNA012181G	CNA20150992.9	D440	玉米	山东爱农种业有限公司	2019/1/31
CNA012182G	CNA20150993.8	D1130	玉米	山东爱农种业有限公司	2019/1/31
CNA012183G	CNA20150994.7	D2023	玉米	山东爱农种业有限公司	2019/1/31
CNA012184G	CNA20151010.5	鹏诚5号	玉米	黑龙江鹏程农业发展有限公司；黑龙江省龙玉种业有限责任公司	2019/1/31
CNA012185G	CNA20151011.4	鹏诚588	玉米	黑龙江鹏程农业发展有限公司	2019/1/31
CNA012186G	CNA20151013.2	农单116	玉米	河北农业大学	2019/1/31
CNA012187G	CNA20151015.0	鹏诚8号	玉米	黑龙江鹏程农业发展有限公司	2019/1/31
CNA012188G	CNA20151016.9	鹏诚579	玉米	黑龙江鹏程农业发展有限公司	2019/1/31
CNA012189G	CNA20151018.7	屿诚1号	玉米	黑龙江鹏程农业发展有限公司	2019/1/31
CNA012190G	CNA20151024.9	巡天1102	玉米	河北巡天农业科技有限公司	2019/1/31
CNA012191G	CNA20151029.4	宁晨149	玉米	江苏金华隆种子科技有限公司	2019/1/31
CNA012192G	CNA20151030.1	宁晨197	玉米	江苏金华隆种子科技有限公司	2019/1/31
CNA012193G	CNA20151049.0	丰乐33	玉米	合肥丰乐种业股份有限公司	2019/1/31
CNA012194G	CNA20151065.9	鹏诚365	玉米	黑龙江鹏程农业发展有限公司	2019/1/31
CNA012195G	CNA20151066.8	H1710	玉米	石家庄市农林科学研究院	2019/1/31
CNA012196G	CNA20151072.0	邦玉339	玉米	山东中农天泰种业有限公司	2019/1/31

（续）

公告号	品种权号	品种名称	植物属种	品种权人	授权日
CNA012197G	CNA20151073.9	邦玉359	玉米	山东中农天泰种业有限公司	2019/1/31
CNA012198G	CNA20151097.1	菏玉127	玉米	山东科绿农林科技有限公司；山东省菏泽市科源种业有限公司	2019/1/31
CNA012199G	CNA20151098.0	lgx158	玉米	山西大丰种业有限公司	2019/1/31
CNA012200G	CNA20151099.9	lgx231	玉米	山西大丰种业有限公司	2019/1/31
CNA012201G	CNA20151100.6	F151	玉米	山西大丰种业有限公司	2019/1/31
CNA012202G	CNA20151101.5	F141	玉米	山西大丰种业有限公司	2019/1/31
CNA012203G	CNA20151102.4	A1473	玉米	山西大丰种业有限公司	2019/1/31
CNA012204G	CNA20151103.3	A4159	玉米	山西大丰种业有限公司	2019/1/31
CNA012205G	CNA20151105.1	A4308	玉米	山西大丰种业有限公司	2019/1/31
CNA012206G	CNA20151106.0	FD118	玉米	山西大丰种业有限公司	2019/1/31
CNA012207G	CNA20151107.9	F124	玉米	山西大丰种业有限公司	2019/1/31
CNA012208G	CNA20151108.8	13F26	玉米	山西大丰种业有限公司	2019/1/31
CNA012209G	CNA20151115.9	WFC0148	玉米	曹冬梅；徐英华；曹丕元	2019/1/31
CNA012210G	CNA20151128.4	A2636	玉米	中种国际种子有限公司	2019/1/31
CNA012211G	CNA20151156.9	迪卡556	玉米	中种国际种子有限公司	2019/1/31
CNA012212G	CNA20151164.9	利单818	玉米	利马格兰欧洲	2019/1/31
CNA012213G	CNA20151165.8	NP01185	玉米	利马格兰欧洲	2019/1/31
CNA012214G	CNA20151166.7	NP01368	玉米	利马格兰欧洲	2019/1/31
CNA012215G	CNA20151167.6	NP00522	玉米	利马格兰欧洲	2019/1/31
CNA012216G	CNA20151168.5	NP00993	玉米	利马格兰欧洲	2019/1/31
CNA012217G	CNA20151171.0	NP01457	玉米	利马格兰欧洲	2019/1/31
CNA012218G	CNA20151172.9	NP00949	玉米	利马格兰欧洲	2019/1/31
CNA012219G	CNA20151173.8	利单366	玉米	利马格兰欧洲	2019/1/31
CNA012220G	CNA20151174.7	利单819	玉米	利马格兰欧洲	2019/1/31
CNA012221G	CNA20151175.6	NP00058	玉米	利马格兰欧洲	2019/1/31
CNA012222G	CNA20151190.7	JCW12	玉米	河南金苑种业股份有限公司	2019/1/31
CNA012223G	CNA20151191.6	JCW17	玉米	河南金苑种业股份有限公司	2019/1/31
CNA012224G	CNA20151193.4	M502	玉米	中农集团种业控股有限公司	2019/1/31
CNA012225G	CNA20151195.2	ZNZ01	玉米	中农集团种业控股有限公司	2019/1/31
CNA012226G	CNA20151196.1	DF638	玉米	山西大丰种业有限公司	2019/1/31
CNA012227G	CNA20151197.0	DF632	玉米	山西大丰种业有限公司	2019/1/31
CNA012228G	CNA20151198.9	DF636	玉米	山西大丰种业有限公司	2019/1/31

（续）

公告号	品种权号	品种名称	植物属种	品种权人	授权日
CNA012229G	CNA20151199.8	DF651	玉米	山西大丰种业有限公司	2019/1/31
CNA012230G	CNA20151200.5	DF688	玉米	山西大丰种业有限公司	2019/1/31
CNA012231G	CNA20151202.3	大丰31	玉米	山西大丰种业有限公司	2019/1/31
CNA012232G	CNA20151203.2	大丰1401	玉米	山西大丰种业有限公司	2019/1/31
CNA012233G	CNA20151205.0	大丰1407	玉米	山西大丰种业有限公司	2019/1/31
CNA012234G	CNA20151206.9	大丰1411	玉米	山西大丰种业有限公司	2019/1/31
CNA012235G	CNA20151210.3	S974	玉米	吉林省省原种业有限公司	2019/1/31
CNA012236G	CNA20151223.8	JN483	玉米	石家庄市藁城区金诺农业科技园	2019/1/31
CNA012237G	CNA20151225.6	瑞华968	玉米	江苏瑞华农业科技有限公司	2019/1/31
CNA012238G	CNA20151236.3	齐系121	玉米	山东省农业科学院玉米研究所	2019/1/31
CNA012239G	CNA20151258.6	先科1	玉米	吉林省王义种业科学研究院	2019/1/31
CNA012240G	CNA20151259.5	强盛399	玉米	山西强盛种业有限公司	2019/1/31
CNA012241G	CNA20151309.5	华自80	玉米	四川华丰种业有限责任公司	2019/1/31
CNA012242G	CNA20151323.7	鹏诚216	玉米	黑龙江鹏程农业发展有限公司； 延边朝鲜族自治州农业科学院	2019/1/31
CNA012243G	CNA20151326.4	RL2	玉米	尹顺军	2019/1/31
CNA012244G	CNA20151380.7	航星118	玉米	河南省天中种子有限责任公司	2019/1/31
CNA012245G	CNA20151386.1	连胜208	玉米	山东连胜种业有限公司	2019/1/31
CNA012246G	CNA20151409.4	华试919	玉米	四川华丰种业有限责任公司	2019/1/31
CNA012247G	CNA20151439.8	浚1543	玉米	鹤壁市农业科学院	2019/1/31
CNA012248G	CNA20151443.2	登海685	玉米	山东登海种业股份有限公司	2019/1/31
CNA012249G	CNA20151450.2	KNL1088	玉米	湖北康农种业股份有限公司	2019/1/31
CNA012250G	CNA20151479.9	新农008	玉米	内蒙古蓝海新农农业发展有限公司	2019/1/31
CNA012251G	CNA20151484.2	C1220	玉米	中种国际种子有限公司	2019/1/31
CNA012252G	CNA20151485.1	C1218	玉米	中种国际种子有限公司	2019/1/31
CNA012253G	CNA20151487.9	J6518	玉米	中种国际种子有限公司	2019/1/31
CNA012254G	CNA20151492.2	S1627	玉米	中种国际种子有限公司	2019/1/31
CNA012255G	CNA20151493.1	S1629	玉米	中种国际种子有限公司	2019/1/31
CNA012256G	CNA20151498.6	先玉1401	玉米	先锋国际良种公司	2019/1/31
CNA012257G	CNA20151499.5	先玉1219	玉米	先锋国际良种公司	2019/1/31
CNA012258G	CNA20151501.1	L648	玉米	四川同路农业科技有限责任公司	2019/1/31
CNA012259G	CNA20151504.8	H1515	玉米	中种国际种子有限公司	2019/1/31
CNA012260G	CNA20151505.7	H1509	玉米	中种国际种子有限公司	2019/1/31

（续）

公告号	品种权号	品种名称	植物属种	品种权人	授权日
CNA012261G	CNA20151506.6	H1501	玉米	中种国际种子有限公司	2019/1/31
CNA012262G	CNA20151507.5	H1506	玉米	中种国际种子有限公司	2019/1/31
CNA012263G	CNA20151508.4	H1508	玉米	中种国际种子有限公司	2019/1/31
CNA012264G	CNA20151509.3	H1518	玉米	中种国际种子有限公司	2019/1/31
CNA012265G	CNA20151522.6	R1922Z	玉米	孟山都科技有限责任公司	2019/1/31
CNA012266G	CNA20151523.5	MEK2967	玉米	孟山都科技有限责任公司	2019/1/31
CNA012267G	CNA20151527.1	R6388Z	玉米	孟山都科技有限责任公司	2019/1/31
CNA012268G	CNA20151536.0	伟程101	玉米	郑州伟程作物育种科技有限公司	2019/1/31
CNA012269G	CNA20151537.9	伟科118	玉米	郑州伟科作物育种科技有限公司	2019/1/31
CNA012270G	CNA20151539.7	伟科216	玉米	郑州伟科作物育种科技有限公司	2019/1/31
CNA012271G	CNA20151540.4	伟程301	玉米	郑州伟程作物育种科技有限公司	2019/1/31
CNA012272G	CNA20151541.3	WY97134	玉米	郑州伟程作物育种科技有限公司	2019/1/31
CNA012273G	CNA20151542.2	WY45845	玉米	郑州伟程作物育种科技有限公司	2019/1/31
CNA012274G	CNA20151543.1	WY977	玉米	郑州伟程作物育种科技有限公司	2019/1/31
CNA012275G	CNA20151544.0	WY712	玉米	郑州伟程作物育种科技有限公司	2019/1/31
CNA012276G	CNA20151553.8	NP2464	玉米	先正达参股股份有限公司	2019/1/31
CNA012277G	CNA20151554.7	NW0357	玉米	先正达参股股份有限公司	2019/1/31
CNA012278G	CNA20151586.9	克玉17	玉米	黑龙江省农业科学院克山分院	2019/1/31
CNA012279G	CNA20151590.3	D1520Z	玉米	孟山都科技有限责任公司	2019/1/31
CNA012280G	CNA20151591.2	D3584Z	玉米	孟山都科技有限责任公司	2019/1/31
CNA012281G	CNA20151592.1	D9279Z	玉米	孟山都科技有限责任公司	2019/1/31
CNA012282G	CNA20151593.0	G4675Z	玉米	孟山都科技有限责任公司	2019/1/31
CNA012283G	CNA20151594.9	G4808Z	玉米	孟山都科技有限责任公司	2019/1/31
CNA012284G	CNA20151610.9	中农甜488	玉米	中国农业大学；北京华耐农业发展有限公司	2019/1/31
CNA012285G	CNA20151632.3	秀青835	玉米	河南秀青种业有限公司	2019/1/31
CNA012286G	CNA20151639.6	新安15号	玉米	安徽省农业科学院烟草研究所	2019/1/31
CNA012287G	CNA20151645.8	A4190	玉米	山西大丰种业有限公司	2019/1/31
CNA012288G	CNA20151646.7	金科玉3306	玉米	山西大丰种业有限公司	2019/1/31
CNA012289G	CNA20151647.6	金科玉3308	玉米	山西大丰种业有限公司	2019/1/31
CNA012290G	CNA20151648.5	X1267	玉米	山西大丰种业有限公司	2019/1/31
CNA012291G	CNA20151652.8	新丹125	玉米	辽宁辽丹种业科技有限公司	2019/1/31
CNA012292G	CNA20151653.7	新丹999	玉米	辽宁辽丹种业科技有限公司	2019/1/31

（续）

公告号	品种权号	品种名称	植物属种	品种权人	授权日
CNA012293G	CNA20151654.6	锦成九	玉米	辽宁辽丹种业科技有限公司	2019/1/31
CNA012294G	CNA20151662.6	BQ570	玉米	郑州北青种业有限公司	2019/1/31
CNA012295G	CNA20151663.5	JGkc72	玉米	郑州北青种业有限公司	2019/1/31
CNA012296G	CNA20151664.4	北青320	玉米	郑州北青种业有限公司	2019/1/31
CNA012297G	CNA20151674.2	春歌250	玉米	周晓艳；李春城	2019/1/31
CNA012298G	CNA20151675.1	CG250	玉米	周晓艳；李春城	2019/1/31
CNA012299G	CNA20151676.0	CG812	玉米	周晓艳；李春城	2019/1/31
CNA012300G	CNA20151698.4	秀青829	玉米	河南秀青种业有限公司	2019/1/31
CNA012301G	CNA20151812.5	YN1	玉米	法国RAGT 2n SAS公司；哈尔滨市益农种业有限公司	2019/1/31
CNA012302G	CNA20151813.4	YN6	玉米	法国RAGT 2n SAS公司；哈尔滨市益农种业有限公司	2019/1/31
CNA012303G	CNA20151814.3	YN10	玉米	法国RAGT 2n SAS公司；哈尔滨市益农种业有限公司	2019/1/31
CNA012304G	CNA20151815.2	R0102	玉米	法国RAGT 2n SAS公司；哈尔滨市益农种业有限公司	2019/1/31
CNA012305G	CNA20151816.1	R09050	玉米	法国RAGT 2n SAS公司；哈尔滨市益农种业有限公司	2019/1/31
CNA012306G	CNA20151817.0	R10062	玉米	法国RAGT 2n SAS公司；哈尔滨市益农种业有限公司	2019/1/31
CNA012307G	CNA20151818.9	R11012	玉米	法国RAGT 2n SAS公司；哈尔滨市益农种业有限公司	2019/1/31
CNA012308G	CNA20151861.5	先玉1453	玉米	先锋国际良种公司	2019/1/31
CNA012309G	CNA20151862.4	先玉1555	玉米	先锋国际良种公司	2019/1/31
CNA012310G	CNA20160006.2	大京九26	玉米	北京大京九农业开发有限公司	2019/1/31
CNA012311G	CNA20160007.1	大京九L72	玉米	北京大京九农业开发有限公司	2019/1/31
CNA012312G	CNA20160008.0	大京九青贮3912	玉米	北京大京九农业开发有限公司	2019/1/31
CNA012313G	CNA20160009.9	大京九9889	玉米	北京大京九农业开发有限公司	2019/1/31
CNA012314G	CNA20161418.2	先玉1466	玉米	先锋国际良种公司	2019/1/31
CNA012315G	CNA20170253.1	中垦玉101	玉米	优利斯种业；中农发种业集团股份有限公司	2019/1/31
CNA012316G	CNA20170891.9	怀玉23	玉米	河南怀川种业有限责任公司	2019/1/31
CNA012317G	CNA20171039.0	宁玉468	玉米	江苏金华隆种子科技有限公司	2019/1/31
CNA012318G	CNA20171818.7	先玉1515	玉米	先锋国际良种公司	2019/1/31
CNA012319G	CNA20172327.9	先玉1531	玉米	先锋国际良种公司	2019/1/31

（续）

公告号	品种权号	品种名称	植物属种	品种权人	授权日
CNA012320G	CNA20180100.5	丰乐303	玉米	北京市农林科学院；合肥丰乐种业股份有限公司	2019/1/31
CNA012321G	CNA20180266.5	泓丰707	玉米	北京新实泓丰种业有限公司	2019/1/31
CNA012322G	CNA20180318.3	龙垦136	玉米	北大荒垦丰种业股份有限公司	2019/1/31
CNA012323G	CNA20180359.3	鼎优919	玉米	河南鼎优农业科技有限公司	2019/1/31
CNA012324G	CNA20180795.5	苏试51417	玉米	江苏省农业科学院；江苏农科种业研究院有限公司	2019/1/31
CNA012325G	CNA20180965.9	登海181	玉米	山东登海种业股份有限公司	2019/1/31
CNA012326G	CNA20180966.8	登海182	玉米	山东登海种业股份有限公司	2019/1/31
CNA012327G	CNA20180967.7	来玉179	玉米	山东登海种业股份有限公司	2019/1/31
CNA012328G	CNA20181138.9	禾博士135	玉米	河南商都种业有限公司	2019/1/31
CNA012329G	CNA20181396.6	CNH3844	玉米	中国农业科学院作物科学研究所	2019/1/31
CNA012330G	CNA20181397.5	CN1070F	玉米	中国农业科学院作物科学研究所	2019/1/31
CNA012331G	CNA20181398.4	CNH392M	玉米	中国农业科学院作物科学研究所	2019/1/31
CNA012332G	CNA20181399.3	CN933M	玉米	中国农业科学院作物科学研究所	2019/1/31
CNA012333G	CNA20181400.0	CN5Z58	玉米	中国农业科学院作物科学研究所	2019/1/31
CNA012334G	CNA20181401.9	CN818F	玉米	中国农业科学院作物科学研究所	2019/1/31
CNA012335G	CNA20181403.7	CNH4528	玉米	中国农业科学院作物科学研究所	2019/1/31
CNA012336G	CNA20181404.6	CNH3754	玉米	中国农业科学院作物科学研究所	2019/1/31
CNA012337G	CNA20141276.5	津强7号	普通小麦	天津市农作物研究所	2019/1/31
CNA012338G	CNA20150315.9	滇麦1号	普通小麦	云南农业大学	2019/1/31
CNA012339G	CNA20150316.8	滇麦2号	普通小麦	云南农业大学	2019/1/31
CNA012340G	CNA20150426.5	宁麦24	普通小麦	江苏省农业科学院	2019/1/31
CNA012341G	CNA20150476.4	新麦30	普通小麦	河南省新乡市农业科学院	2019/1/31
CNA012342G	CNA20150867.1	金丰205	普通小麦	孟州市农丰种子科技有限公司	2019/1/31
CNA012343G	CNA20151300.4	濮兴8号	普通小麦	河南省民兴种业有限公司	2019/1/31
CNA012344G	CNA20160365.7	郑麦1342	普通小麦	河南省农业科学院	2019/1/31
CNA012345G	CNA20161439.7	中研麦0709	普通小麦	江苏苏乐种业科技有限公司	2019/1/31
CNA012346G	CNA20161735.8	子麦603	普通小麦	程一帆	2019/1/31
CNA012347G	CNA20161741.0	宁麦资119	普通小麦	江苏省农业科学院	2019/1/31
CNA012348G	CNA20161846.4	镇麦13	普通小麦	江苏丘陵地区镇江农业科学研究所	2019/1/31
CNA012349G	CNA20162010.2	驻麦305	普通小麦	驻马店市农业科学院	2019/1/31

（续）

公告号	品种权号	品种名称	植物属种	品种权人	授权日
CNA012350G	CNA20162247.7	淄麦28	普通小麦	淄博市农业科学研究院；河南丰行农业科技有限公司	2019/1/31
CNA012351G	CNA20162396.6	中信麦28	普通小麦	河北众人信农业科技股份有限公司	2019/1/31
CNA012352G	CNA20170770.5	华麦998	普通小麦	偃师市华夏农业科技研究所	2019/1/31
CNA012353G	CNA20171056.8	枣乡168	普通小麦	河南枣乡种业科技有限公司	2019/1/31
CNA012354G	CNA20171469.9	囤麦257	普通小麦	河南省金囤种业有限公司	2019/1/31
CNA012355G	CNA20171943.5	高麦6号	普通小麦	河南德宏种业股份有限公司	2019/1/31
CNA012356G	CNA20172150.1	洛麦34	普通小麦	洛阳农林科学院	2019/1/31
CNA012357G	CNA20150226.7	凤啤麦1号	大麦属	大理白族自治州农业科学推广研究院	2019/1/31
CNA012358G	CNA20150227.6	凤啤麦2号	大麦属	大理白族自治州农业科学推广研究院	2019/1/31
CNA012359G	CNA20150423.8	长生11	谷子	山西省农业科学院谷子研究所	2019/1/31
CNA012360G	CNA20150673.5	冀谷37	谷子	河北省农林科学院谷子研究所	2019/1/31
CNA012361G	CNA20150674.4	冀谷38	谷子	河北省农林科学院谷子研究所	2019/1/31
CNA012362G	CNA20150884.0	赤谷16	谷子	内蒙古蒙龙种业科技有限公司	2019/1/31
CNA012363G	CNA20150976.9	长农41号	谷子	山西省农业科学院谷子研究所	2019/1/31
CNA012364G	CNA20151033.8	长农44号	谷子	山西省农业科学院谷子研究所；河北省农林科学院谷子研究所	2019/1/31
CNA012365G	CNA20151183.6	豫谷17	谷子	河南省农业科学院	2019/1/31
CNA012366G	CNA20151184.5	豫谷23	谷子	河南省农业科学院	2019/1/31
CNA012367G	CNA20151889.3	华谷S1	谷子	深圳华大农业与循环经济科技有限公司	2019/1/31
CNA012368G	CNA20151944.6	中谷1	谷子	中国农业科学院作物科学研究所	2019/1/31
CNA012369G	CNA20151945.5	中谷2	谷子	中国农业科学院作物科学研究所	2019/1/31
CNA012370G	CNA20151946.4	中谷5	谷子	中国农业科学院作物科学研究所	2019/1/31
CNA012371G	CNA20151992.7	敖谷1号	谷子	敖汉鹏程农业科技发展有限公司	2019/1/31
CNA012372G	CNA20140725.4	和粱	高粱	杨涛；李玉娟	2019/1/31
CNA012373G	CNA20140381.9	苏红1号	小豆	江苏省农业科学院	2019/1/31
CNA012374G	CNA20150186.5	冀红16号	小豆	河北省农林科学院粮油作物研究所	2019/1/31
CNA012375G	CNA20150187.4	冀红15号	小豆	河北省农林科学院粮油作物研究所	2019/1/31
CNA012376G	CNA20141075.8	白绿13	绿豆	吉林省白城市农业科学院	2019/1/31
CNA012377G	CNA20150140.0	中绿C52	绿豆	中国农业科学院作物科学研究所	2019/1/31
CNA012378G	CNA20150152.5	冀绿13号	绿豆	河北省农林科学院粮油作物研究所	2019/1/31

（续）

公告号	品种权号	品种名称	植物属种	品种权人	授权日
CNA012379G	CNA20150498.8	张绿1号	绿豆	张家口市农业科学院	2019/1/31
CNA012380G	CNA20150539.9	中绿16号	绿豆	中国农业科学院作物科学研究所	2019/1/31
CNA012381G	CNA20150540.6	中绿17号	绿豆	中国农业科学院作物科学研究所	2019/1/31
CNA012382G	CNA20150541.5	中绿18号	绿豆	中国农业科学院作物科学研究所	2019/1/31
CNA012383G	CNA20150542.4	中绿19号	绿豆	中国农业科学院作物科学研究所	2019/1/31
CNA012384G	CNA20160405.9	洛豆1号	大豆	洛阳农林科学院	2019/1/31
CNA012385G	CNA20140990.2	花小宝34号	花生	济宁得心种业有限公司	2019/1/31
CNA012386G	CNA20140991.1	花小宝35号	花生	济宁得心种业有限公司	2019/1/31
CNA012387G	CNA20141599.5	圣冀花1号	花生	河北省农林科学院粮油作物研究所；山东圣丰种业科技有限公司	2019/1/31
CNA012388G	CNA20150076.8	康勃1号	花生	安徽云峰农业发展有限公司	2019/1/31
CNA012389G	CNA20150077.7	康勃2号	花生	安徽云峰农业发展有限公司	2019/1/31
CNA012390G	CNA20150410.3	粮花2号	花生	河南省粮源农业发展有限公司	2019/1/31
CNA012391G	CNA20150411.2	粮源花6号	花生	河南省粮源农业发展有限公司	2019/1/31
CNA012392G	CNA20150412.1	粮花8号	花生	河南省粮源农业发展有限公司	2019/1/31
CNA012393G	CNA20150683.3	实花1号	花生	青岛华实种苗有限公司	2019/1/31
CNA012394G	CNA20150684.2	华实2号	花生	青岛华实种苗有限公司	2019/1/31
CNA012395G	CNA20150964.3	远杂6号	花生	河南省农业科学院	2019/1/31
CNA012396G	CNA20151408.5	信花425	花生	信阳市农业科学院	2019/1/31
CNA012397G	CNA20151451.1	郑农花13号	花生	郑州市农林科学研究所；河南省扶农种业有限公司	2019/1/31
CNA012398G	CNA20151629.8	徐花18号	花生	江苏徐淮地区徐州农业科学研究所	2019/1/31
CNA012399G	CNA20151759.0	漯花4011	花生	漯河市农业科学院	2019/1/31
CNA012400G	CNA20151760.7	漯花4016	花生	漯河市农业科学院	2019/1/31
CNA012401G	CNA20151761.6	漯花4087	花生	漯河市农业科学院	2019/1/31
CNA012402G	CNA20151762.5	漯花2号	花生	漯河市农业科学院	2019/1/31
CNA012403G	CNA20151982.9	农大花103	花生	河南农业大学	2019/1/31
CNA012404G	CNA20150395.2	豫芝Dw607	芝麻	河南省农业科学院	2019/1/31
CNA012405G	CNA20150449.8	豫芝DS899	芝麻	河南省农业科学院芝麻研究中心	2019/1/31
CNA012406G	CNA20150558.5	豫芝MF157	芝麻	河南省农业科学院	2019/1/31
CNA012407G	CNA20151260.2	周10J5	芝麻	周口市农业科学院	2019/1/31
CNA012408G	CNA20150416.7	冀982	甘薯	河北省农林科学院粮油作物研究所	2019/1/31
CNA012409G	CNA20150427.4	苏薯25	甘薯	江苏省农业科学院	2019/1/31

（续）

公告号	品种权号	品种名称	植物属种	品种权人	授权日
CNA012410G	CNA20150428.3	宁紫薯3号	甘薯	江苏省农业科学院	2019/1/31
CNA012411G	CNA20150662.8	冀紫薯2号	甘薯	河北省农林科学院粮油作物研究所	2019/1/31
CNA012412G	CNA20150726.2	苏薯26	甘薯	江苏省农业科学院	2019/1/31
CNA012413G	CNA20150799.4	济薯25	甘薯	山东省农业科学院作物研究所	2019/1/31
CNA012414G	CNA20150800.1	济薯26	甘薯	山东省农业科学院作物研究所	2019/1/31
CNA012415G	CNA20150801.0	济薯27	甘薯	山东省农业科学院作物研究所	2019/1/31
CNA012416G	CNA20151306.8	广薯25	甘薯	广东省农业科学院作物研究所	2019/1/31
CNA012417G	CNA20151447.8	万紫薯56	甘薯	重庆三峡农业科学院	2019/1/31
CNA012418G	CNA20151680.4	南紫薯018	甘薯	南充市农业科学院	2019/1/31
CNA012419G	CNA20151914.2	烟薯25	甘薯	山东省烟台市农业科学研究院	2019/1/31
CNA012420G	CNA20160319.4	川M1412	甘薯	四川省农业科学院生物技术核技术研究所	2019/1/31
CNA012421G	CNA20160320.1	川M1418	甘薯	四川省农业科学院生物技术核技术研究所	2019/1/31
CNA012422G	CNA20160321.0	川M1422	甘薯	四川省农业科学院生物技术核技术研究所	2019/1/31
CNA012423G	CNA20141583.3	云薯608	马铃薯	云南省农业科学院经济作物研究所	2019/1/31
CNA012424G	CNA20141747.6	天薯11号	马铃薯	天水市农业科学研究所	2019/1/31
CNA012425G	CNA20141748.5	红玫瑰3号	马铃薯	西北农林科技大学	2019/1/31
CNA012426G	CNA20141749.4	紫玫瑰2号	马铃薯	西北农林科技大学	2019/1/31
CNA012427G	CNA20141752.8	黑玫瑰4号	马铃薯	西北农林科技大学	2019/1/31
CNA012428G	CNA20150014.3	中薯18号	马铃薯	中国农业科学院蔬菜花卉研究所	2019/1/31
CNA012429G	CNA20150015.2	中薯20号	马铃薯	中国农业科学院蔬菜花卉研究所	2019/1/31
CNA012430G	CNA20150513.9	希森6号	马铃薯	乐陵希森马铃薯产业集团有限公司	2019/1/31
CNA012431G	CNA20150514.8	希森5号	马铃薯	乐陵希森马铃薯产业集团有限公司	2019/1/31
CNA012432G	CNA20151321.9	黔育薯HLL	马铃薯	贵州省马铃薯研究所	2019/1/31
CNA012433G	CNA20152041.6	雪育1号	马铃薯	雪川农业发展股份有限公司	2019/1/31
CNA012434G	CNA20152042.5	雪育4号	马铃薯	雪川农业发展股份有限公司	2019/1/31
CNA012435G	CNA20152043.4	雪育14号	马铃薯	雪川农业发展股份有限公司	2019/1/31
CNA012436G	CNA20150549.7	桂糖46号	甘蔗属	广西壮族自治区农业科学院甘蔗研究所	2019/1/31
CNA012437G	CNA20151086.4	热甘11559	甘蔗属	中国热带农业科学院南亚热带作物研究所	2019/1/31
CNA012438G	CNA20150157.0	名图	普通结球甘蓝	农业会社法人亚细亚种苗（株）	2019/1/31

（续）

公告号	品种权号	品种名称	植物属种	品种权人	授权日
CNA012439G	CNA20140400.6	菱歌	不结球白菜	宁波微萌种业有限公司	2019/1/31
CNA012440G	CNA20151138.2	PC363	不结球白菜	厦门华泰五谷种苗有限公司	2019/1/31
CNA012441G	CNA20151327.3	Qgc03	不结球白菜	宁波微萌种业有限公司	2019/1/31
CNA012442G	CNA20151328.2	Qgc14B	不结球白菜	宁波微萌种业有限公司	2019/1/31
CNA012443G	CNA20151329.1	Qgc45	不结球白菜	宁波微萌种业有限公司	2019/1/31
CNA012444G	CNA20151330.8	Qgc89	不结球白菜	宁波微萌种业有限公司	2019/1/31
CNA012445G	CNA20171640.1	惠欣818	普通番茄	寿光瑞莱农业科技有限公司	2019/1/31
CNA012446G	CNA20171642.9	瑞莱188	普通番茄	寿光瑞莱农业科技有限公司	2019/1/31
CNA012447G	CNA20172368.9	寿研13456	普通番茄	山东永盛农业发展有限公司	2019/1/31
CNA012448G	CNA20172373.2	寿研13550	普通番茄	山东永盛农业发展有限公司	2019/1/31
CNA012449G	CNA20172376.9	寿研13079	普通番茄	山东永盛农业发展有限公司	2019/1/31
CNA012450G	CNA20150572.7	JL1408S	芥蓝	苏州市蔬菜研究所	2019/1/31
CNA012451G	CNA20140107.2	小绿人	蝴蝶兰属	展壮园艺股份有限公司	2019/1/31
CNA012452G	CNA20140567.5	天农029	蝴蝶兰属	天农兰园有限公司	2019/1/31
CNA012453G	CNA20140663.8	天农525	蝴蝶兰属	天农兰园有限公司	2019/1/31
CNA012454G	CNA20150306.0	JB2940	蝴蝶兰属	漳州钜宝生物科技有限公司；黄瑞宝	2019/1/31
CNA012455G	CNA20150307.9	JB2678	蝴蝶兰属	漳州钜宝生物科技有限公司；黄瑞宝	2019/1/31
CNA012456G	CNA20150442.5	金叶咖啡	蝴蝶兰属	漳州钜宝生物科技有限公司；黄瑞宝	2019/1/31
CNA012457G	CNA20151141.7	珐卡朵客	蝴蝶兰属	荷兰安祖公司	2019/1/31
CNA012458G	CNA20151142.6	珐康沃姆	蝴蝶兰属	荷兰安祖公司	2019/1/31
CNA012459G	CNA20151143.5	珐尔敦飞	蝴蝶兰属	荷兰安祖公司	2019/1/31
CNA012460G	CNA20151144.4	珐丹斯普	蝴蝶兰属	荷兰安祖公司	2019/1/31
CNA012461G	CNA20151145.3	珐尔茨飞	蝴蝶兰属	荷兰安祖公司	2019/1/31
CNA012462G	CNA20151146.2	珐库伟姆	蝴蝶兰属	荷兰安祖公司	2019/1/31
CNA012463G	CNA20151148.0	珐尔朵喜	蝴蝶兰属	荷兰安祖公司	2019/1/31
CNA012464G	CNA20151219.4	珐朵米欧	蝴蝶兰属	荷兰安祖公司	2019/1/31
CNA012465G	CNA20160055.2	统一月光	蝴蝶兰属	昆明统一生物科技有限公司	2019/1/31
CNA012466G	CNA20160056.1	统一天鹅	蝴蝶兰属	昆明统一生物科技有限公司	2019/1/31

（续）

公告号	品种权号	品种名称	植物属种	品种权人	授权日
CNA012467G	CNA20160057.0	统一丽君红	蝴蝶兰属	昆明统一生物科技有限公司	2019/1/31
CNA012468G	CNA20160058.9	统一皇冠	蝴蝶兰属	昆明统一生物科技有限公司	2019/1/31
CNA012469G	CNA20160059.8	统一小甜甜	蝴蝶兰属	昆明统一生物科技有限公司	2019/1/31
CNA012470G	CNA20160133.8	红玛瑙	蝴蝶兰属	厦门和鸣花卉科技有限公司	2019/1/31
CNA012471G	CNA20160387.1	九梦	蝴蝶兰属	北京市昌平职业学校	2019/1/31
CNA012472G	CNA20160388.0	盛世京兰	蝴蝶兰属	北京市昌平职业学校	2019/1/31
CNA012473G	CNA20160389.9	眉飞色舞	蝴蝶兰属	北京市昌平职业学校	2019/1/31
CNA012474G	CNA20160390.6	天星	蝴蝶兰属	北京市昌平职业学校	2019/1/31
CNA012475G	CNA20160391.5	羽蝶	蝴蝶兰属	北京市昌平职业学校	2019/1/31
CNA012476G	CNA20160393.3	蝶变	蝴蝶兰属	北京市昌裕新园农业科技中心	2019/1/31
CNA012477G	CNA20160394.2	洁杰	蝴蝶兰属	北京市昌裕新园农业科技中心	2019/1/31
CNA012478G	CNA20160395.1	天佑	蝴蝶兰属	北京市昌裕新园农业科技中心	2019/1/31
CNA012479G	CNA20160398.8	地豪	蝴蝶兰属	北京市昌裕新园农业科技中心	2019/1/31
CNA012480G	CNA20160753.7	JB2771	蝴蝶兰属	漳州钜宝生物科技有限公司；黄瑞宝	2019/1/31
CNA012481G	CNA20160754.6	JB3026	蝴蝶兰属	漳州钜宝生物科技有限公司；黄瑞宝	2019/1/31
CNA012482G	CNA20161358.4	缤纷安迪	蝴蝶兰属	中山缤纷园艺有限公司	2019/1/31
CNA012483G	CNA20161359.3	缤纷丽丽	蝴蝶兰属	中山缤纷园艺有限公司	2019/1/31
CNA012484G	CNA20161360.0	缤纷娜娜	蝴蝶兰属	中山缤纷园艺有限公司	2019/1/31
CNA012485G	CNA20161374.4	宏霖宝石	蝴蝶兰属	田国华	2019/1/31
CNA012486G	CNA20161375.3	FM5035	蝴蝶兰属	周伯倚	2019/1/31
CNA012487G	CNA20161376.2	FM5071	蝴蝶兰属	周伯倚	2019/1/31
CNA012488G	CNA20161441.3	芳美1008	蝴蝶兰属	厦门兆翔花卉科技有限公司	2019/1/31
CNA012489G	CNA20130192.9	南农粉葵	菊属	南京农业大学	2019/1/31
CNA012490G	CNA20130193.8	南农粉蕊	菊属	南京农业大学	2019/1/31
CNA012491G	CNA20130194.7	南农鬼脸	菊属	南京农业大学	2019/1/31
CNA012492G	CNA20130195.6	南农黄珑玉	菊属	南京农业大学	2019/1/31
CNA012493G	CNA20130196.5	南农靓柠檬	菊属	南京农业大学	2019/1/31
CNA012494G	CNA20151955.2	大丽乳白乒乓	菊属	荷兰德丽品种权公司	2019/1/31
CNA012495G	CNA20151956.1	大丽深粉乒乓	菊属	荷兰德丽品种权公司	2019/1/31
CNA012496G	CNA20151958.9	大丽黄乒乓	菊属	荷兰德丽品种权公司	2019/1/31

（续）

公告号	品种权号	品种名称	植物属种	品种权人	授权日
CNA012497G	CNA20160659.2	卧听漱玉	菊属	北京林业大学	2019/1/31
CNA012498G	CNA20160660.9	卧听西风	菊属	北京林业大学	2019/1/31
CNA012499G	CNA20160921.4	京林秋歌	菊属	北京林业大学	2019/1/31
CNA012500G	CNA20160922.3	京林星辰	菊属	北京林业大学	2019/1/31
CNA012501G	CNA20161874.9	菊之红云	菊属	云南省农业科学院花卉研究所；云南丰岛花卉有限公司；云南集创园艺科技有限公司	2019/1/31
CNA012502G	CNA20161875.8	菊之红橙	菊属	云南省农业科学院花卉研究所；云南丰岛花卉有限公司；云南集创园艺科技有限公司	2019/1/31
CNA012503G	CNA20161876.7	紫秋	菊属	云南丰岛花卉有限公司；云南省农业科学院花卉研究所	2019/1/31
CNA012504G	CNA20161891.8	金黄1号	菊属	北京农业生物技术研究中心	2019/1/31
CNA012505G	CNA20161892.7	白玉1号	菊属	北京农业生物技术研究中心	2019/1/31
CNA012506G	CNA20161896.3	精之光彩	菊属	益农奇精兴园株式会社	2019/1/31
CNA012507G	CNA20161932.9	虹之白雪	菊属	上海虹华园艺有限公司；昆明虹之华园艺有限公司	2019/1/31
CNA012508G	CNA20161933.8	滇之瑶	菊属	上海虹华园艺有限公司；昆明虹之华园艺有限公司	2019/1/31
CNA012509G	CNA20161934.7	滇之琪	菊属	上海虹华园艺有限公司；昆明虹之华园艺有限公司	2019/1/31
CNA012510G	CNA20161968.6	罗斯泰鲑	菊属	荷兰佛劳瑞泰克育种公司	2019/1/31
CNA012511G	CNA20161970.2	罗斯泰暗粉	菊属	荷兰佛劳瑞泰克育种公司	2019/1/31
CNA012512G	CNA20170014.1	奥橙	菊属	荷兰佛劳瑞泰克育种公司	2019/1/31
CNA012513G	CNA20170016.9	雅卡	菊属	荷兰佛劳瑞泰克育种公司	2019/1/31
CNA012514G	CNA20170017.8	克拉斯泰克	菊属	荷兰佛劳瑞泰克育种公司	2019/1/31
CNA012515G	CNA20170018.7	黛尔	菊属	荷兰佛劳瑞泰克育种公司	2019/1/31
CNA012516G	CNA20170060.4	寒露秋霞	菊属	北京市花木有限公司	2019/1/31
CNA012517G	CNA20170061.3	寒露秋实	菊属	北京市花木有限公司	2019/1/31
CNA012518G	CNA20170062.2	白露金华	菊属	北京市花木有限公司	2019/1/31
CNA012519G	CNA20170063.1	绚秋粉黛	菊属	北京市花木有限公司	2019/1/31
CNA012520G	CNA20170064.0	绚秋莲华	菊属	北京市花木有限公司	2019/1/31
CNA012521G	CNA20170065.9	绚秋流光	菊属	北京市花木有限公司	2019/1/31
CNA012522G	CNA20170066.8	绚秋凝红	菊属	北京市花木有限公司	2019/1/31
CNA012523G	CNA20170232.7	绚秋星光	菊属	北京市花木有限公司	2019/1/31
CNA012524G	CNA20170233.6	绚秋凝霜	菊属	北京市花木有限公司	2019/1/31

（续）

公告号	品种权号	品种名称	植物属种	品种权人	授权日
CNA012525G	CNA20170522.6	伦佐泰克	菊属	荷兰佛劳瑞泰克育种公司	2019/1/31
CNA012526G	CNA20170983.8	伏看晓月	菊属	北京林业大学	2019/1/31
CNA012527G	CNA20170984.7	伏看粉黛	菊属	北京林业大学	2019/1/31
CNA012528G	CNA20170985.6	伏看浓云	菊属	北京林业大学	2019/1/31
CNA012529G	CNA20170986.5	伏看红袖	菊属	北京林业大学	2019/1/31
CNA012530G	CNA20170987.4	北林秋韵	菊属	北京林业大学	2019/1/31
CNA012531G	CNA20170988.3	卧听晨露	菊属	北京林业大学	2019/1/31
CNA012532G	CNA20170989.2	伏看赤焰	菊属	北京林业大学	2019/1/31
CNA012533G	CNA20170990.9	伏看薄雾	菊属	北京林业大学	2019/1/31
CNA012534G	CNA20171240.5	南农粉乒乓	菊属	南京农业大学	2019/1/31
CNA012535G	CNA20171241.4	南农抹茶	菊属	南京农业大学	2019/1/31
CNA012536G	CNA20171242.3	秦淮霜白	菊属	南京农业大学	2019/1/31
CNA012537G	CNA20171243.2	秦淮玉莲	菊属	南京农业大学	2019/1/31
CNA012538G	CNA20171244.1	秦淮白茶	菊属	南京农业大学	2019/1/31
CNA012539G	CNA20171245.0	秦淮粉霞	菊属	南京农业大学	2019/1/31
CNA012540G	CNA20171246.9	秦淮染霞	菊属	南京农业大学	2019/1/31
CNA012541G	CNA20171247.8	南农茶点	菊属	南京农业大学	2019/1/31
CNA012542G	CNA20171248.7	南农紫乒乓	菊属	南京农业大学	2019/1/31
CNA012543G	CNA20171249.6	南农黄蜂窝	菊属	南京农业大学	2019/1/31
CNA012544G	CNA20171250.2	南农黄乒乓	菊属	南京农业大学	2019/1/31
CNA012545G	CNA20171251.1	南农绿意	菊属	南京农业大学	2019/1/31
CNA012546G	CNA20171252.0	南农瑷绿	菊属	南京农业大学	2019/1/31
CNA012547G	CNA20171253.9	南农绿茶	菊属	南京农业大学	2019/1/31
CNA012548G	CNA20171409.2	京华粉彩	菊属	中国农业科学院蔬菜花卉研究所	2019/1/31
CNA012549G	CNA20171412.7	京华柠檬雪	菊属	中国农业科学院蔬菜花卉研究所	2019/1/31
CNA012550G	CNA20171413.6	京华金藻球	菊属	中国农业科学院蔬菜花卉研究所	2019/1/31
CNA012551G	CNA20171414.5	京华粉初荷	菊属	中国农业科学院蔬菜花卉研究所	2019/1/31
CNA012552G	CNA20171415.4	京华夏之旭	菊属	中国农业科学院蔬菜花卉研究所	2019/1/31
CNA012553G	CNA20161638.6	霓虹灯	百合属	云南省农业科学院花卉研究所	2019/1/31
CNA012554G	CNA20161413.7	巴洛卡	石竹属	巴伯特布兰卡公司	2019/1/31
CNA012555G	CNA20160570.8	小娇	花烛属	广州花卉研究中心；华南农业大学	2019/1/31
CNA012556G	CNA20160571.7	丰韵	花烛属	广州花卉研究中心；华南农业大学	2019/1/31

（续）

公告号	品种权号	品种名称	植物属种	品种权人	授权日
CNA012557G	CNA20160417.5	KRELECE01	秋海棠属	荷兰科比品种权公司	2019/1/31
CNA012558G	CNA20160651.0	金叠玉	莲	江苏省中国科学院植物研究所；南京艺莲苑花卉有限公司	2019/1/31
CNA012559G	CNA20161843.7	沪晶梨67号	梨属	上海市农业科学院	2019/1/31
CNA012560G	CNA20172253.7	沪晶梨18号	梨属	上海市农业科学院	2019/1/31
CNA012561G	CNA20172107.5	申丽	葡萄属	上海市农业科学院	2019/1/31
CNA012562G	CNA20172109.3	申玫	葡萄属	上海市农业科学院	2019/1/31
CNA012563G	CNA20140311.4	龙曲1号	茶组	中国农业科学院茶叶研究所	2019/1/31
CNA012564G	CNA20140312.3	龙曲2号	茶组	中国农业科学院茶叶研究所	2019/1/31
CNA012565G	CNA20141369.3	杭茶21号	茶组	杭州市农业科学研究院	2019/1/31
CNA012566G	CNA20141370.0	杭茶22号	茶组	杭州市农业科学研究院；磐安县农业局	2019/1/31
CNA012567G	CNA20141371.9	磐茶1号	茶组	磐安县农业局；杭州市农业科学研究院	2019/1/31
CNA012568G	CNA20162255.6	中茶129	茶组	中国农业科学院茶叶研究所	2019/1/31
CNA012569G	CNA20162256.5	中茶130	茶组	中国农业科学院茶叶研究所	2019/1/31
CNA012570G	CNA20170495.9	早鲜	杨梅属	浙江省农业科学院；杭州市萧山区农（林）业技术推广中心	2019/1/31
CNA012571G	CNA20170496.8	早佳	杨梅属	浙江省农业科学院；兰溪市经济特产技术推广站	2019/1/31
CNA012572G	CNA20173622.9	粤彤	凤梨属	广东省农业科学院果树研究所	2019/1/31
CNA012573G	CNA20161108.7	寒笑	萱草属	宁波市农业科学研究院	2019/1/31
CNA012574G	CNA20161109.6	十里红妆	萱草属	宁波市农业科学研究院	2019/1/31
CNA012575G	CNA20161700.9	梦幻	萱草属	河北省林业科学研究院	2019/1/31
CNA012576G	CNA20161701.8	丹阳	萱草属	河北省林业科学研究院	2019/1/31
CNA012577G	CNA20161920.3	苏植4号	结缕草	江苏省中国科学院植物研究所	2019/1/31
CNA012578G	CNA20161921.2	苏植5号	结缕草	江苏省中国科学院植物研究所	2019/1/31
CNA012579G	CNA20141722.5	深两优973	水稻	四川泰隆农业科技有限公司	2019/5/24
CNA012580G	CNA20151638.7	R17	水稻	安徽袁粮水稻产业有限公司	2019/5/24
CNA012581G	CNA20160625.3	N两优华占	水稻	天津天隆科技股份有限公司	2019/5/24
CNA012582G	CNA20160862.5	皖垦粳11036	水稻	安徽皖垦种业股份有限公司	2019/5/24
CNA012583G	CNA20161583.1	苏秀298	水稻	江苏苏乐种业科技有限公司	2019/5/24
CNA012584G	CNA20170449.6	金粳698	水稻	天津市水稻研究所	2019/5/24
CNA012585G	CNA20171720.4	南粳5837	水稻	江苏省农业科学院	2019/5/24

(续)

公告号	品种权号	品种名称	植物属种	品种权人	授权日
CNA012586G	CNA20171721.3	南粳5718	水稻	江苏省农业科学院	2019/5/24
CNA012587G	CNA20171972.9	依粳8号	水稻	安徽依多丰农业科技有限公司	2019/5/24
CNA012588G	CNA20180857.0	川608A	水稻	四川省农业科学院作物研究所	2019/5/24
CNA012589G	CNA20181318.1	甬籼409	水稻	宁波市农业科学研究院	2019/5/24
CNA012590G	CNA20181924.7	常农粳10号	水稻	常熟市农业科学研究所	2019/5/24
CNA012591G	CNA20182085.0	圳两优758	水稻	长沙利诚种业有限公司	2019/5/24
CNA012592G	CNA20182515.0	蓉7优523	水稻	四川国豪种业股份有限公司；成都市农林科学院；绵阳市农业科学研究院	2019/5/24
CNA012593G	CNA20182567.7	常农粳11号	水稻	常熟市农业科学研究所	2019/5/24
CNA012594G	CNA20182973.5	川谷优2041	水稻	四川农大高科种业有限公司；四川农业大学；四川华元博冠生物育种有限责任公司	2019/5/24
CNA012595G	CNA20182974.4	Y两优8517	水稻	四川农大高科种业有限公司；四川华元博冠生物育种有限责任公司	2019/5/24
CNA012596G	CNA20182975.3	冈8优517	水稻	四川农大高科种业有限公司；四川华元博冠生物育种有限责任公司	2019/5/24
CNA012597G	CNA20182980.6	C两优300	水稻	北京金色农华种业科技股份有限公司	2019/5/24
CNA012598G	CNA20182997.7	荟丰优3518	水稻	科荟种业股份有限公司	2019/5/24
CNA012599G	CNA20141588.8	怀玉5288	玉米	河南怀川种业有限责任公司	2019/5/24
CNA012600G	CNA20150536.2	E18	玉米	张相权	2019/5/24
CNA012601G	CNA20150680.6	德单1266	玉米	德农种业股份公司；北京市农林科学院	2019/5/24
CNA012602G	CNA20151126.6	云瑞519	玉米	云南田瑞种业有限公司	2019/5/24
CNA012603G	CNA20151150.5	A1589	玉米	中种国际种子有限公司	2019/5/24
CNA012604G	CNA20151387.0	先行1658	玉米	山东先行种业有限公司	2019/5/24
CNA012605G	CNA20151397.8	锦绣558	玉米	河南锦绣农业科技有限公司	2019/5/24
CNA012606G	CNA20151538.8	伟育187	玉米	郑州伟玉良种科技有限公司	2019/5/24
CNA012607G	CNA20151661.7	JG5	玉米	郑州北青种业有限公司	2019/5/24
CNA012608G	CNA20151880.2	吉农大778	玉米	吉林农大科茂种业有限责任公司	2019/5/24
CNA012609G	CNA20160114.1	ND367	玉米	河北巡天农业科技有限公司	2019/5/24
CNA012610G	CNA20160363.9	佳球105	玉米	沈阳特亦佳玉米科技有限公司	2019/5/24
CNA012611G	CNA20161144.3	豫禾588	玉米	河南省豫玉种业股份有限公司	2019/5/24
CNA012612G	CNA20161151.3	广良甜27号	玉米	广东省良种引进服务公司	2019/5/24
CNA012613G	CNA20161812.4	东科301	玉米	辽宁东亚种业有限公司	2019/5/24

（续）

公告号	品种权号	品种名称	植物属种	品种权人	授权日
CNA012614G	CNA20162333.2	浙甜11	玉米	浙江省东阳玉米研究所	2019/5/24
CNA012615G	CNA20162369.9	农单476	玉米	河北农业大学	2019/5/24
CNA012616G	CNA20170757.2	豫禾368	玉米	河南省豫玉种业股份有限公司	2019/5/24
CNA012617G	CNA20172056.6	迪卡009	玉米	中种国际种子有限公司	2019/5/24
CNA012618G	CNA20172058.4	C1203	玉米	中种国际种子有限公司	2019/5/24
CNA012619G	CNA20172059.3	迪卡011	玉米	中种国际种子有限公司	2019/5/24
CNA012620G	CNA20173163.4	富尔2134	玉米	河南富吉泰种业有限公司	2019/5/24
CNA012621G	CNA20180712.5	苏科糯12	玉米	江苏省农业科学院	2019/5/24
CNA012622G	CNA20180714.3	苏科糯1505	玉米	江苏省农业科学院	2019/5/24
CNA012623G	CNA20180922.1	保玉13309	玉米	江苏保丰集团公司	2019/5/24
CNA012624G	CNA20181006.8	隆平943	玉米	安徽隆平高科种业有限公司	2019/5/24
CNA012625G	CNA20181168.2	翔玉536	玉米	吉林省鸿翔农业集团鸿翔种业有限公司	2019/5/24
CNA012626G	CNA20181169.1	翔玉566	玉米	吉林省鸿翔农业集团鸿翔种业有限公司	2019/5/24
CNA012627G	CNA20181170.8	优旗511	玉米	吉林省鸿翔农业集团鸿翔种业有限公司	2019/5/24
CNA012628G	CNA20181171.7	优旗528	玉米	吉林省鸿翔农业集团鸿翔种业有限公司	2019/5/24
CNA012629G	CNA20181273.4	东单1806	玉米	辽宁东亚种业有限公司	2019/5/24
CNA012630G	CNA20181319.0	金博士129	玉米	河南金博士种业股份有限公司	2019/5/24
CNA012631G	CNA20181320.7	金博士158	玉米	河南金博士种业股份有限公司	2019/5/24
CNA012632G	CNA20181321.6	金博士702	玉米	河南金博士种业股份有限公司	2019/5/24
CNA012633G	CNA20181322.5	金博士710	玉米	河南金博士种业股份有限公司	2019/5/24
CNA012634G	CNA20181323.4	金博士711	玉米	河南金博士种业股份有限公司	2019/5/24
CNA012635G	CNA20181324.3	金博士717	玉米	河南金博士种业股份有限公司	2019/5/24
CNA012636G	CNA20181325.2	金博士825	玉米	河南金博士种业股份有限公司	2019/5/24
CNA012637G	CNA20181326.1	乐农18	玉米	河南金博士种业股份有限公司	2019/5/24
CNA012638G	CNA20181327.0	乐农79	玉米	河南金博士种业股份有限公司	2019/5/24
CNA012639G	CNA20181329.8	豫禾536	玉米	河南省豫玉种业股份有限公司	2019/5/24
CNA012640G	CNA20181364.4	丰乐235	玉米	合肥丰乐种业股份有限公司	2019/5/24
CNA012641G	CNA20181365.3	丰乐301	玉米	合肥丰乐种业股份有限公司	2019/5/24
CNA012642G	CNA20181406.4	大良5号	玉米	河北艾格瑞种业有限公司	2019/5/24
CNA012643G	CNA20181427.9	华耐甜糯101	玉米	浙江省东阳玉米研究所；北京华耐农业发展有限公司	2019/5/24

（续）

公告号	品种权号	品种名称	植物属种	品种权人	授权日
CNA012644G	CNA20181738.3	海平605	玉米	河北众人信农业科技股份有限公司	2019/5/24
CNA012645G	CNA20181850.5	同玉593	玉米	四川同路农业科技有限责任公司	2019/5/24
CNA012646G	CNA20182013.7	晶彩糯	玉米	南京市蔬菜科学研究所；江苏润扬种业股份有限公司	2019/5/24
CNA012647G	CNA20182073.4	宏瑞2081	玉米	河北宏瑞种业有限公司	2019/5/24
CNA012648G	CNA20182171.5	DY206	玉米	宿迁中江种业有限公司	2019/5/24
CNA012649G	CNA20182300.9	正弘658	玉米	河北正弘农业科技有限公司	2019/5/24
CNA012650G	CNA20182319.8	先达304	玉米	三北种业有限公司	2019/5/24
CNA012651G	CNA20182385.7	龙垦134	玉米	北大荒垦丰种业股份有限公司	2019/5/24
CNA012652G	CNA20182388.4	龙垦118	玉米	北大荒垦丰种业股份有限公司	2019/5/24
CNA012653G	CNA20182427.7	东单808	玉米	辽宁东亚种业有限公司	2019/5/24
CNA012654G	CNA20182495.4	金诚66	玉米	河南金苑种业股份有限公司	2019/5/24
CNA012655G	CNA20182571.1	强盛506	玉米	山西强盛种业有限公司	2019/5/24
CNA012656G	CNA20182800.4	强盛520	玉米	山西强盛种业有限公司	2019/5/24
CNA012657G	CNA20140549.8	郑麦113	普通小麦	河南省农业科学院	2019/5/24
CNA012658G	CNA20141525.4	圣麦15	普通小麦	商丘市中原小麦研究中心	2019/5/24
CNA012659G	CNA20150006.3	中科麦138	普通小麦	中国科学院成都生物研究所	2019/5/24
CNA012660G	CNA20150158.9	淮麦39	普通小麦	江苏徐淮地区淮阴农业科学研究所；江苏天丰种业有限公司	2019/5/24
CNA012661G	CNA20150551.2	邯麦18	普通小麦	邯郸市农业科学院	2019/5/24
CNA012662G	CNA20150864.4	囤麦128	普通小麦	河南省金囤种业有限公司	2019/5/24
CNA012663G	CNA20150865.3	囤麦127	普通小麦	河南省金囤种业有限公司	2019/5/24
CNA012664G	CNA20150868.0	孟麦028	普通小麦	孟州市农丰种子科技有限公司	2019/5/24
CNA012665G	CNA20151032.9	华麦999	普通小麦	偃师市华夏农业科技研究所	2019/5/24
CNA012666G	CNA20151034.7	漯麦6010	普通小麦	漯河市农业科学院	2019/5/24
CNA012667G	CNA20151035.6	德研8号	普通小麦	河南德宏种业股份有限公司	2019/5/24
CNA012668G	CNA20151048.1	涡麦1212	普通小麦	亳州市农业科学研究院	2019/5/24
CNA012669G	CNA20151075.7	垦星一号	普通小麦	兰陵农垦实业总公司	2019/5/24
CNA012670G	CNA20151129.3	冀麦867	普通小麦	河北省农林科学院粮油作物研究所	2019/5/24
CNA012671G	CNA20151130.0	冀麦738	普通小麦	河北省农林科学院粮油作物研究所	2019/5/24
CNA012672G	CNA20151133.7	冀麦325	普通小麦	河北省农林科学院粮油作物研究所	2019/5/24
CNA012673G	CNA20151134.6	冀麦418	普通小麦	河北省农林科学院粮油作物研究所	2019/5/24
CNA012674G	CNA20151135.5	冀麦120	普通小麦	河北省农林科学院粮油作物研究所	2019/5/24

（续）

公告号	品种权号	品种名称	植物属种	品种权人	授权日
CNA012675G	CNA20151179.2	河农130	普通小麦	河北农业大学	2019/5/24
CNA012676G	CNA20151194.3	长航一号	普通小麦	长武渭北旱塬小麦试验基地	2019/5/24
CNA012677G	CNA20151213.0	鄂麦170	普通小麦	湖北省农业科学院粮食研究所；中国农业科学院棉花研究所；中国农业科学院作物科学研究所	2019/5/24
CNA012678G	CNA20151222.9	潮海2008	普通小麦	苏海	2019/5/24
CNA012679G	CNA20151230.9	豫农186	普通小麦	河南农业大学	2019/5/24
CNA012680G	CNA20151235.4	粮源22	普通小麦	河南省粮源农业发展有限公司	2019/5/24
CNA012681G	CNA20151238.1	宁麦26	普通小麦	江苏省农业科学院	2019/5/24
CNA012682G	CNA20151242.5	宁麦资70	普通小麦	江苏省农业科学院	2019/5/24
CNA012683G	CNA20151243.4	徽研66	普通小麦	安徽新世纪农业有限公司	2019/5/24
CNA012684G	CNA20151244.3	徽研912	普通小麦	安徽新世纪农业有限公司	2019/5/24
CNA012685G	CNA20151267.5	徽麦202	普通小麦	安徽天勤农业科技有限公司	2019/5/24
CNA012686G	CNA20151268.4	烟农173	普通小麦	山东省烟台市农业科学研究院	2019/5/24
CNA012687G	CNA20151282.6	中麦816	普通小麦	中国农业科学院作物科学研究所	2019/5/24
CNA012688G	CNA20151283.5	中麦996	普通小麦	中国农业科学院作物科学研究所	2019/5/24
CNA012689G	CNA20151288.0	丰德存麦12号	普通小麦	河南丰德康种业有限公司	2019/5/24
CNA012690G	CNA20151289.9	丰德存麦13号	普通小麦	河南丰德康种业有限公司	2019/5/24
CNA012691G	CNA20151291.5	丰德存麦21号	普通小麦	河南丰德康种业有限公司	2019/5/24
CNA012692G	CNA20151298.8	濮兴0369	普通小麦	河南省民兴种业有限公司	2019/5/24
CNA012693G	CNA20151299.7	濮兴5号	普通小麦	河南省民兴种业有限公司	2019/5/24
CNA012694G	CNA20151310.2	濉1216	普通小麦	濉溪县农业科研试验站	2019/5/24
CNA012695G	CNA20151312.0	龙科1221	普通小麦	安徽皖垦种业股份有限公司	2019/5/24
CNA012696G	CNA20151395.0	科兴404	普通小麦	中国科学院遗传与发育生物学研究所	2019/5/24
CNA012697G	CNA20151442.3	登海206	普通小麦	山东登海种业股份有限公司	2019/5/24
CNA012698G	CNA20151452.0	亚麦1号	普通小麦	偃师市高优小麦育种研究所；柴同森	2019/5/24
CNA012699G	CNA20151513.7	中育1211	普通小麦	中棉种业科技股份有限公司	2019/5/24
CNA012700G	CNA20151571.6	先麦8号	普通小麦	河南先天下种业有限公司	2019/5/24
CNA012701G	CNA20151572.5	先麦10号	普通小麦	河南先天下种业有限公司	2019/5/24
CNA012702G	CNA20151582.3	天益科麦5号	普通小麦	安徽华成种业股份有限公司	2019/5/24

（续）

公告号	品种权号	品种名称	植物属种	品种权人	授权日
CNA012703G	CNA20151606.5	冠麦1号	普通小麦	河南世纪先锋农业科技有限公司	2019/5/24
CNA012704G	CNA20151630.5	山农30号	普通小麦	山东农业大学	2019/5/24
CNA012705G	CNA20151642.1	皖农6006	普通小麦	安徽省皖农种业有限公司	2019/5/24
CNA012706G	CNA20151657.3	铜麦6号	普通小麦	陕西大唐种业股份有限公司	2019/5/24
CNA012707G	CNA20151658.2	川麦67	普通小麦	四川省农业科学院作物研究所	2019/5/24
CNA012708G	CNA20151659.1	郑麦129	普通小麦	河南省农业科学院	2019/5/24
CNA012709G	CNA20151660.8	郑麦369	普通小麦	河南省农业科学院	2019/5/24
CNA012710G	CNA20151668.0	邯麦19	普通小麦	邯郸市农业科学院	2019/5/24
CNA012711G	CNA20151681.3	山农31号	普通小麦	山东农业大学	2019/5/24
CNA012712G	CNA20151682.2	山农32号	普通小麦	山东农业大学	2019/5/24
CNA012713G	CNA20151689.5	航2566	普通小麦	中国农业科学院作物科学研究所	2019/5/24
CNA012714G	CNA20151700.0	襄麦35	普通小麦	襄阳市农业科学院	2019/5/24
CNA012715G	CNA20151729.7	偃高58	普通小麦	偃师市金高种业有限公司；洛阳市嘉创农业开发有限公司	2019/5/24
CNA012716G	CNA20151797.4	山农116	普通小麦	山东农业大学	2019/5/24
CNA012717G	CNA20151895.5	长6794	普通小麦	山西省农业科学院谷子研究所	2019/5/24
CNA012718G	CNA20151951.6	淮麦35	普通小麦	江苏徐淮地区淮阴农业科学研究所	2019/5/24
CNA012719G	CNA20152069.3	华麦7号	普通小麦	江苏省大华种业集团有限公司	2019/5/24
CNA012720G	CNA20160012.4	徐麦35	普通小麦	江苏徐淮地区徐州农业科学研究所	2019/5/24
CNA012721G	CNA20160022.2	百农201	普通小麦	河南科技学院	2019/5/24
CNA012722G	CNA20160023.1	百旱207	普通小麦	河南科技学院	2019/5/24
CNA012723G	CNA20160027.7	漯麦956	普通小麦	漯河市农业科学院	2019/5/24
CNA012724G	CNA20160043.7	SN24	普通小麦	山东农业大学	2019/5/24
CNA012725G	CNA20160050.7	中信麦15	普通小麦	河北众人信农业科技股份有限公司	2019/5/24
CNA012726G	CNA20160080.1	商麦156	普通小麦	商丘市农林科学院	2019/5/24
CNA012727G	CNA20160120.3	晋麦99号	普通小麦	山西省农业科学院小麦研究所	2019/5/24
CNA012728G	CNA20160267.6	SN22	普通小麦	山东农业大学	2019/5/24
CNA012729G	CNA20160293.4	冀资麦3号	普通小麦	河北省农林科学院粮油作物研究所	2019/5/24
CNA012730G	CNA20160326.5	石麦25号	普通小麦	石家庄市农林科学研究院	2019/5/24
CNA012731G	CNA20160329.2	怀川66号	普通小麦	河南怀川种业有限责任公司	2019/5/24
CNA012732G	CNA20160344.3	百农4199	普通小麦	河南科技学院	2019/5/24
CNA012733G	CNA20160396.0	石麦27号	普通小麦	石家庄市农林科学研究院	2019/5/24
CNA012734G	CNA20160432.6	轮选13	普通小麦	中国农业科学院作物科学研究所	2019/5/24

（续）

公告号	品种权号	品种名称	植物属种	品种权人	授权日
CNA012735G	CNA20160433.5	小偃58	普通小麦	西北农林科技大学	2019/5/24
CNA012736G	CNA20160435.3	小偃269	普通小麦	西北农林科技大学	2019/5/24
CNA012737G	CNA20160553.9	涡麦11号	普通小麦	亳州市农业科学研究院	2019/5/24
CNA012738G	CNA20160594.0	扬麦24	普通小麦	江苏里下河地区农业科学研究所	2019/5/24
CNA012739G	CNA20160607.5	济麦30	普通小麦	山东省农业科学院作物研究所；山东鲁研农业良种有限公司	2019/5/24
CNA012740G	CNA20160608.4	济麦31	普通小麦	山东省农业科学院作物研究所；山东鲁研农业良种有限公司	2019/5/24
CNA012741G	CNA20160715.4	红地95	普通小麦	济宁红地种业有限责任公司	2019/5/24
CNA012742G	CNA20160752.8	农麦152	普通小麦	江苏神农大丰种业科技有限公司	2019/5/24
CNA012743G	CNA20160759.1	济麦47	普通小麦	山东省农业科学院作物研究所	2019/5/24
CNA012744G	CNA20161091.6	武农6号	普通小麦	赵瑜；赵存德	2019/5/24
CNA012745G	CNA20161314.7	涡麦66	普通小麦	亳州市农业科学研究院	2019/5/24
CNA012746G	CNA20161707.2	衡H155115	普通小麦	河北省农林科学院旱作农业研究所	2019/5/24
CNA012747G	CNA20161708.1	衡H156087	普通小麦	河北省农林科学院旱作农业研究所	2019/5/24
CNA012748G	CNA20161738.9	俊达109	普通小麦	刘俊亮；河南俊达种业有限公司	2019/5/24
CNA012749G	CNA20161771.3	华麦1028	普通小麦	江苏省大华种业集团有限公司	2019/5/24
CNA012750G	CNA20170572.5	轮选66	普通小麦	中国农业科学院作物科学研究所	2019/5/24
CNA012751G	CNA20170640.3	衡S29	普通小麦	河北省农林科学院旱作农业研究所；河北巡天农业科技有限公司	2019/5/24
CNA012752G	CNA20170846.5	伟隆121	普通小麦	陕西杨凌伟隆农业科技有限公司	2019/5/24
CNA012753G	CNA20171037.2	鑫农518	普通小麦	安徽省同丰种业有限公司；河南新大农业发展有限公司	2019/5/24
CNA012754G	CNA20171264.6	锦绣21	普通小麦	刘冬冬	2019/5/24
CNA012755G	CNA20171884.6	西农6151	普通小麦	西北农林科技大学	2019/5/24
CNA012756G	CNA20172062.8	淮麦44	普通小麦	江苏徐淮地区淮阴农业科学研究所；江苏天丰种业有限公司	2019/5/24
CNA012757G	CNA20172120.8	普冰02	普通小麦	中国农业科学院作物科学研究所	2019/5/24
CNA012758G	CNA20172122.6	普冰资016	普通小麦	中国农业科学院作物科学研究所	2019/5/24
CNA012759G	CNA20172407.2	山农1128	普通小麦	山东农业大学	2019/5/24
CNA012760G	CNA20172408.1	山农111	普通小麦	山东农业大学	2019/5/24
CNA012761G	CNA20172601.6	龙垦401	普通小麦	北大荒垦丰种业股份有限公司	2019/5/24
CNA012762G	CNA20172667.7	中麦36	普通小麦	中国农业科学院作物科学研究所；山西省农业科学院棉花研究所	2019/5/24
CNA012763G	CNA20172699.9	孟麦032	普通小麦	河南先耕农业科技有限公司	2019/5/24

（续）

公告号	品种权号	品种名称	植物属种	品种权人	授权日
CNA012764G	CNA20172964.7	硕麦988	普通小麦	偃师市高优小麦育种研究所；河南农科豫玉种业有限公司	2019/5/24
CNA012765G	CNA20172992.3	西农20	普通小麦	西北农林科技大学	2019/5/24
CNA012766G	CNA20172993.2	西农585	普通小麦	西北农林科技大学	2019/5/24
CNA012767G	CNA20173073.3	赛德麦8号	普通小麦	河南赛德种业有限公司	2019/5/24
CNA012768G	CNA20173200.9	漯麦906	普通小麦	漯河市农业科学院；河南大学	2019/5/24
CNA012769G	CNA20173750.3	淮麦920	普通小麦	江苏省金地种业科技有限公司	2019/5/24
CNA012770G	CNA20180439.7	龙麦68	普通小麦	黑龙江省农业科学院作物育种研究所	2019/5/24
CNA012771G	CNA20180440.4	龙麦51	普通小麦	黑龙江省农业科学院作物育种研究所	2019/5/24
CNA012772G	CNA20180441.3	龙麦59	普通小麦	黑龙江省农业科学院作物育种研究所	2019/5/24
CNA012773G	CNA20180442.2	龙麦62	普通小麦	黑龙江省农业科学院作物育种研究所	2019/5/24
CNA012774G	CNA20180443.1	龙麦65	普通小麦	黑龙江省农业科学院作物育种研究所	2019/5/24
CNA012775G	CNA20180444.0	龙麦66	普通小麦	黑龙江省农业科学院作物育种研究所	2019/5/24
CNA012776G	CNA20180445.9	龙麦67	普通小麦	黑龙江省农业科学院作物育种研究所	2019/5/24
CNA012777G	CNA20180529.8	淮麦45	普通小麦	江苏徐淮地区淮阴农业科学研究所	2019/5/24
CNA012778G	CNA20180909.8	运旱137	普通小麦	山西省农业科学院棉花研究所	2019/5/24
CNA012779G	CNA20181507.2	淮麦46	普通小麦	江苏徐淮地区淮阴农业科学研究所	2019/5/24
CNA012780G	CNA20181733.8	垦星5号	普通小麦	兰陵农垦实业总公司	2019/5/24
CNA012781G	CNA20182402.6	临糯88	普通小麦	山西省农业科学院小麦研究所	2019/5/24
CNA012782G	CNA20182425.9	禾美988	普通小麦	河南禾美种业有限公司	2019/5/24
CNA012783G	CNA20182620.2	厚德麦970	普通小麦	河南赛德种业有限公司	2019/5/24
CNA012784G	CNA20140654.9	华大麦10号	大麦属	华中农业大学	2019/5/24
CNA012785G	CNA20151436.1	扬农啤9号	大麦属	扬州大学	2019/5/24
CNA012786G	CNA20151701.9	鄂大麦072	大麦属	湖北省农业科学院粮食作物研究所	2019/5/24
CNA012787G	CNA20151702.8	鄂大麦934	大麦属	湖北省农业科学院粮食作物研究所	2019/5/24
CNA012788G	CNA20151913.3	润青一号	大麦属	河南佛润特种麦类科技开发有限公司	2019/5/24
CNA012789G	CNA20152065.7	鄂皮麦whs18	大麦属	湖北省农业科学院粮食作物研究所	2019/5/24
CNA012790G	CNA20160042.8	扬农啤12	大麦属	扬州大学	2019/5/24

（续）

公告号	品种权号	品种名称	植物属种	品种权人	授权日
CNA012791G	CNA20160092.7	苏啤10号	大麦属	江苏沿海地区农业科学研究所	2019/5/24
CNA012792G	CNA20170752.7	中涡29	大豆	安徽省同丰种业有限公司	2019/5/24
CNA012793G	CNA20180704.5	汇农416	大豆	史建辉	2019/5/24
CNA012794G	CNA20181070.9	龙达3号	大豆	北安市大龙种业有限责任公司	2019/5/24
CNA012795G	CNA20181408.2	通豆12	大豆	江苏沿江地区农业科学研究所	2019/5/24
CNA012796G	CNA20181611.5	齐农5号	大豆	黑龙江省农业科学院齐齐哈尔分院	2019/5/24
CNA012797G	CNA20181792.6	贺豆7号	大豆	孙吴贺丰种业有限公司	2019/5/24
CNA012798G	CNA20181793.5	贺豆3号	大豆	孙吴贺丰种业有限公司	2019/5/24
CNA012799G	CNA20181794.4	昊疆13号	大豆	吴乃清	2019/5/24
CNA012800G	CNA20181871.0	淮豆14	大豆	江苏徐淮地区淮阴农业科学研究所	2019/5/24
CNA012801G	CNA20182034.2	绥无腥豆3号	大豆	黑龙江省农业科学院绥化分院	2019/5/24
CNA012802G	CNA20182764.8	九研2号	大豆	北大荒垦丰种业股份有限公司	2019/5/24
CNA012803G	CNA20150495.1	苏油8号	甘蓝型油菜	江苏太湖地区农业科学研究所	2019/5/24
CNA012804G	CNA20150504.0	谷神油5号	甘蓝型油菜	湖北谷神科技有限责任公司	2019/5/24
CNA012805G	CNA20151087.3	扬杂11号	甘蓝型油菜	江苏里下河地区农业科学研究所	2019/5/24
CNA012806G	CNA20151255.9	绿油218	甘蓝型油菜	安徽绿雨种业股份有限公司	2019/5/24
CNA012807G	CNA20151363.8	盐油杂5号	甘蓝型油菜	江苏沿海地区农业科学研究所	2019/5/24
CNA012808G	CNA20151406.7	信油杂2906	甘蓝型油菜	信阳市农业科学院	2019/5/24
CNA012809G	CNA20151715.3	德油99	甘蓝型油菜	四川省蜀玉科技农业发展有限公司	2019/5/24
CNA012810G	CNA20151829.6	167A	甘蓝型油菜	湖南省作物研究所	2019/5/24
CNA012811G	CNA20160275.6	庆油1号	甘蓝型油菜	重庆市农业科学院	2019/5/24
CNA012812G	CNA20160276.5	庆油2号	甘蓝型油菜	重庆市农业科学院	2019/5/24
CNA012813G	CNA20173150.9	龙薯3号	马铃薯	黑龙江省农业科学院作物育种研究所	2019/5/24
CNA012814G	CNA20173151.8	龙薯4号	马铃薯	黑龙江省农业科学院马铃薯研究所	2019/5/24
CNA012815G	CNA20173152.7	龙薯5号	马铃薯	黑龙江省农业科学院作物育种研究所	2019/5/24
CNA012816G	CNA20173153.6	龙薯8号	马铃薯	黑龙江省农业科学院马铃薯研究所	2019/5/24

（续）

公告号	品种权号	品种名称	植物属种	品种权人	授权日
CNA012817G	CNA20173154.5	龙薯10号	马铃薯	黑龙江省农业科学院马铃薯研究所	2019/5/24
CNA012818G	CNA20173155.4	龙薯12号	马铃薯	黑龙江省农业科学院马铃薯研究所	2019/5/24
CNA012819G	CNA20161643.9	邯818	棉属	邯郸市农业科学院	2019/5/24
CNA012820G	CNA20180382.4	桂热2号	甘蔗属	广西壮族自治区亚热带作物研究所	2019/5/24
CNA012821G	CNA20170650.0	霞光	蝴蝶兰属	中国热带农业科学院热带作物品种资源研究所	2019/5/24
CNA012822G	CNA20162427.9	黛红	苹果属	青岛农业大学	2019/5/24
CNA012823G	CNA20170302.2	中农101	苹果属	中国农业大学	2019/5/24
CNA012824G	CNA20172523.1	鲁丽	苹果属	山东省果树研究所	2019/5/24
CNA012825G	CNA20172846.1	鲁苹2号	苹果属	山东省果树研究所	2019/5/24
CNA012826G	CNA20180026.6	中农51	苹果属	中国农业大学；秦皇岛北戴河新区中保绿都农林科技有限公司	2019/5/24
CNA012827G	CNA20180027.5	中农52	苹果属	中国农业大学；秦皇岛北戴河新区中保绿都农林科技有限公司	2019/5/24
CNA012828G	CNA20180028.4	中农61	苹果属	中国农业大学；秦皇岛北戴河新区中保绿都农林科技有限公司	2019/5/24
CNA012829G	CNA20180030.0	中农31	苹果属	中国农业大学；秦皇岛北戴河新区中保绿都农林科技有限公司	2019/5/24
CNA012830G	CNA20180035.5	玉玲珑1	苹果属	中国农业大学；秦皇岛北戴河新区中保绿都农林科技有限公司	2019/5/24
CNA012831G	CNA20180091.6	烟砧6号	苹果属	山东省烟台市农业科学研究院	2019/5/24
CNA012832G	CNA20180092.5	烟砧5号	苹果属	山东省烟台市农业科学研究院	2019/5/24
CNA012833G	CNA20180093.4	烟砧2号	苹果属	山东省烟台市农业科学研究院	2019/5/24
CNA012834G	CNA20180157.7	幸红	苹果属	山东农业大学	2019/5/24
CNA012835G	CNA20180158.6	健红	苹果属	山东农业大学	2019/5/24
CNA012836G	CNA20180159.5	满红	苹果属	山东农业大学	2019/5/24
CNA012837G	CNA20180160.2	美红	苹果属	山东农业大学	2019/5/24
CNA012838G	CNA20180161.1	夏红	苹果属	山东农业大学	2019/5/24
CNA012839G	CNA20180224.6	蜜玉	苹果属	中国农业科学院郑州果树研究所	2019/5/24
CNA012840G	CNA20180225.5	金玉	苹果属	中国农业科学院郑州果树研究所	2019/5/24
CNA012841G	CNA20180226.4	红珍珠	苹果属	中国农业科学院郑州果树研究所	2019/5/24
CNA012842G	CNA20180227.3	红脆宝	苹果属	中国农业科学院郑州果树研究所	2019/5/24
CNA012843G	CNA20180923.0	美乐	苹果属	山东省烟台市农业科学研究院	2019/5/24
CNA012844G	CNA20161206.8	晚玉梨	梨属	河北省农林科学院昌黎果树研究所	2019/5/24
CNA012845G	CNA20170032.9	浙梨1号	梨属	浙江省农业科学院	2019/5/24

（续）

公告号	品种权号	品种名称	植物属种	品种权人	授权日
CNA012846G	CNA20170033.8	浙梨2号	梨属	浙江省农业科学院	2019/5/24
CNA012847G	CNA20170034.7	浙梨6号	梨属	浙江省农业科学院	2019/5/24
CNA012848G	CNA20170272.8	金都酥	梨属	刘法波	2019/5/24
CNA012849G	CNA20171046.1	鲁秀	梨属	青岛农业大学	2019/5/24
CNA012850G	CNA20171047.0	鲁冠	梨属	青岛农业大学	2019/5/24
CNA012851G	CNA20171048.9	鲁蜜	梨属	青岛农业大学	2019/5/24
CNA012852G	CNA20171049.8	鲁翠	梨属	青岛农业大学	2019/5/24
CNA012853G	CNA20171050.4	琴岛红	梨属	青岛农业大学	2019/5/24
CNA012854G	CNA20173164.3	中梨5号	梨属	中国农业科学院郑州果树研究所	2019/5/24
CNA012855G	CNA20173165.2	早红蜜	梨属	中国农业科学院郑州果树研究所	2019/5/24
CNA012856G	CNA20173166.1	红玛瑙	梨属	中国农业科学院郑州果树研究所	2019/5/24
CNA012857G	CNA20181939.0	矮玉香	梨属	青岛农业大学	2019/5/24
CNA012858G	CNA20170628.9	中桃金美	桃	中国农业科学院郑州果树研究所	2019/5/24
CNA012859G	CNA20170629.8	中桃金蜜	桃	中国农业科学院郑州果树研究所	2019/5/24
CNA012860G	CNA20170631.4	中蟠15号	桃	中国农业科学院郑州果树研究所	2019/5/24
CNA012861G	CNA20170632.3	中蟠19号	桃	中国农业科学院郑州果树研究所	2019/5/24
CNA012862G	CNA20170633.2	中油蟠5号	桃	中国农业科学院郑州果树研究所	2019/5/24
CNA012863G	CNA20170634.1	中油蟠9号	桃	中国农业科学院郑州果树研究所	2019/5/24
CNA012864G	CNA20172641.8	丹玉	桃	山东省潍坊市农业科学院；潍坊市寒亭区三友和花木合作社	2019/5/24
CNA012865G	CNA20170871.3	天工翠玉	葡萄属	浙江省农业科学院	2019/5/24
CNA012866G	CNA20170872.2	天工玫瑰	葡萄属	浙江省农业科学院	2019/5/24
CNA012867G	CNA20172566.9	申烁	葡萄属	上海市农业科学院	2019/5/24
CNA012868G	CNA20181033.5	莱恩堡公主	葡萄属	莱恩堡农业科技发展（北京）有限公司	2019/5/24
CNA012869G	CNA20181034.4	莱恩堡王子	葡萄属	莱恩堡农业科技发展（北京）有限公司	2019/5/24
CNA012870G	CNA20171834.7	晚黄金	李	福建省农业科学院果树研究所	2019/5/24
CNA012871G	CNA20162410.8	红研五号	香蕉	云南省红河热带农业科学研究所	2019/5/24
CNA012872G	CNA20173759.4	滇蕉一号	香蕉	云南省红河热带农业科学研究所	2019/5/24
CNA012873G	CNA20173261.5	红丰荔	荔枝	中国热带农业科学院环境与植物保护研究所；吴开茂	2019/5/24
CNA012874G	CNA20130341.9	猕枣1号	猕猴桃属	中国科学院武汉植物园	2019/5/24
CNA012875G	CNA20130342.8	猕枣2号	猕猴桃属	中国科学院武汉植物园	2019/5/24

（续）

公告号	品种权号	品种名称	植物属种	品种权人	授权日
CNA012876G	CNA20161931.0	金水R19	猕猴桃属	湖北省农业科学院果树茶叶研究所	2019/5/24
CNA012877G	CNA20161994.4	瑞绿	猕猴桃属	中国农业科学院特产研究所	2019/5/24
CNA012878G	CNA20161997.1	甜心宝	猕猴桃属	中国农业科学院特产研究所	2019/5/24
CNA012879G	CNA20161998.0	苹绿	猕猴桃属	中国农业科学院特产研究所	2019/5/24
CNA012880G	CNA20170734.0	皓金	猕猴桃属	宁波浩丰农业科技有限公司	2019/5/24
CNA012881G	CNA20172170.7	美玉	猕猴桃属	李朝阳	2019/5/24
CNA012882G	CNA20181016.6	炎农4号	猕猴桃属	长沙炎农生物科技有限公司	2019/5/24
CNA012883G	CNA20181721.2	炎农5号	猕猴桃属	长沙炎农生物科技有限公司	2019/5/24
CNA012884G	CNA20181722.1	炎农7号	猕猴桃属	长沙炎农生物科技有限公司	2019/5/24
CNA012885G	CNA20181723.0	炎农11号	猕猴桃属	长沙炎农生物科技有限公司	2019/5/24
CNA012886G	CNA20170717.1	苗乡1号	三七	陈士林；余育启；董林林	2019/5/24
CNA012887G	CNA20170718.0	苗乡2号	三七	陈士林；余育启；董林林	2019/5/24
CNA012888G	CNA20151375.4	径山2号	茶组	中国农业科学院茶叶研究所；杭州市余杭区农业技术推广中心	2019/5/24
CNA012889G	CNA20151578.9	径山1号	茶组	杭州市余杭区农业技术推广中心；中国农业科学院茶叶研究所	2019/5/24
CNA012890G	CNA20172469.7	中茶144	茶组	中国农业科学院茶叶研究所	2019/5/24
CNA012891G	CNA20172470.4	中茶143	茶组	中国农业科学院茶叶研究所	2019/5/24
CNA012892G	CNA20181230.6	粤茗1号	茶组	广东省农业科学院茶叶研究所	2019/5/24
CNA012893G	CNA20181231.5	粤茗2号	茶组	广东省农业科学院茶叶研究所	2019/5/24
CNA012894G	CNA20181233.3	粤茗4号	茶组	广东省农业科学院茶叶研究所	2019/5/24
CNA012895G	CNA20170607.4	湛试873	橡胶树	中国热带农业科学院南亚热带作物研究所；中国热带农业科学院湛江实验站	2019/5/24
CNA012896G	CNA20170608.3	湛试8673	橡胶树	中国热带农业科学院南亚热带作物研究所；中国热带农业科学院湛江实验站	2019/5/24
CNA012897G	CNA20140864.5	JD77	水稻	江苏焦点农业科技有限公司	2019/7/22
CNA012898G	CNA20141071.2	R1392	水稻	安徽省农业科学院水稻研究所	2019/7/22
CNA012899G	CNA20141072.1	W226S	水稻	安徽省农业科学院水稻研究所	2019/7/22
CNA012900G	CNA20141073.0	W869S	水稻	安徽省农业科学院水稻研究所	2019/7/22
CNA012901G	CNA20141074.9	新二PS	水稻	安徽省农业科学院水稻研究所	2019/7/22
CNA012902G	CNA20141686.9	绿恢3号	水稻	江西汇丰源种业有限公司；江西省超级水稻研究发展中心	2019/7/22
CNA012903G	CNA20141764.4	RX01	水稻	国家粳稻工程技术研究中心	2019/7/22
CNA012904G	CNA20141767.1	隆粳4号	水稻	国家粳稻工程技术研究中心	2019/7/22

（续）

公告号	品种权号	品种名称	植物属种	品种权人	授权日
CNA012905G	CNA20150005.4	济稻2号	水稻	山东省农业科学院生物技术研究中心	2019/7/22
CNA012906G	CNA20150031.2	W052S	水稻	合肥信达高科农业科学研究所	2019/7/22
CNA012907G	CNA20150117.9	隆粳401	水稻	天津天隆科技股份有限公司	2019/7/22
CNA012908G	CNA20150321.1	莲汇3号	水稻	黑龙江省莲江口种子有限公司	2019/7/22
CNA012909G	CNA20150401.4	蜀鑫11S	水稻	合肥市友鑫生物技术研究中心；合肥市蜀香种子有限公司	2019/7/22
CNA012910G	CNA20150445.2	泗稻15号	水稻	江苏省农业科学院宿迁农科所	2019/7/22
CNA012911G	CNA20150469.3	龙科08411	水稻	佳木斯龙粳种业有限公司；黑龙江省农业科学院佳木斯水稻研究所	2019/7/22
CNA012912G	CNA20150594.1	中种Z0004	水稻	中国种子集团有限公司	2019/7/22
CNA012913G	CNA20150595.0	中种Z0005	水稻	中国种子集团有限公司	2019/7/22
CNA012914G	CNA20150600.3	中种Z0025	水稻	中国种子集团有限公司	2019/7/22
CNA012915G	CNA20150601.2	中种Z0026	水稻	中国种子集团有限公司	2019/7/22
CNA012916G	CNA20151002.5	绥粳22	水稻	黑龙江省农业科学院绥化分院	2019/7/22
CNA012917G	CNA20151187.2	莲汇2号	水稻	黑龙江省莲江口种子有限公司	2019/7/22
CNA012918G	CNA20151231.8	龙稻25	水稻	黑龙江省农业科学院耕作栽培研究所	2019/7/22
CNA012919G	CNA20151232.7	龙稻24	水稻	黑龙江省农业科学院耕作栽培研究所	2019/7/22
CNA012920G	CNA20151233.6	天稻26	水稻	天津天隆科技股份有限公司	2019/7/22
CNA012921G	CNA20151262.0	育桑1号	水稻	黑龙江省育桑农业有限公司	2019/7/22
CNA012922G	CNA20151346.0	育桑2号	水稻	黑龙江省育桑农业有限公司	2019/7/22
CNA012923G	CNA20151355.8	R1095	水稻	长沙奥林生物科技有限公司	2019/7/22
CNA012924G	CNA20151359.4	R9355	水稻	长沙奥林生物科技有限公司	2019/7/22
CNA012925G	CNA20151369.2	浙恢H813	水稻	浙江省农业科学院作物与核技术利用研究所	2019/7/22
CNA012926G	CNA20151476.2	三江16	水稻	北大荒垦丰种业股份有限公司	2019/7/22
CNA012927G	CNA20151555.6	慧007S	水稻	湖南省水稻研究所	2019/7/22
CNA012928G	CNA20151560.9	龙粳1501	水稻	黑龙江省农业科学院佳木斯水稻研究所	2019/7/22
CNA012929G	CNA20151561.8	龙粳62	水稻	黑龙江省农业科学院佳木斯水稻研究所；佳木斯龙粳种业有限公司	2019/7/22
CNA012930G	CNA20151563.6	龙交13S6	水稻	黑龙江省农业科学院佳木斯水稻研究所；佳木斯龙粳种业有限公司	2019/7/22
CNA012931G	CNA20151583.2	肥粳2020	水稻	安徽未来种业有限公司	2019/7/22
CNA012932G	CNA20151596.7	R755	水稻	衡阳市农业科学研究所	2019/7/22

（续）

公告号	品种权号	品种名称	植物属种	品种权人	授权日
CNA012933G	CNA20151624.3	ZXN1	水稻	江苏省农业科学院	2019/7/22
CNA012934G	CNA20151666.2	莲育1496	水稻	黑龙江省莲江口种子有限公司	2019/7/22
CNA012935G	CNA20151667.1	莲汇631	水稻	黑龙江省莲江口种子有限公司	2019/7/22
CNA012936G	CNA20151677.9	旱恢151	水稻	上海天谷生物科技股份有限公司	2019/7/22
CNA012937G	CNA20151678.8	申旱1S	水稻	上海天谷生物科技股份有限公司	2019/7/22
CNA012938G	CNA20151724.2	KDWB2	水稻	江苏省农业科学院	2019/7/22
CNA012939G	CNA20151735.9	LR130	水稻	安徽省农业科学院水稻研究所	2019/7/22
CNA012940G	CNA20151764.3	全两优一号	水稻	湖北荃银高科种业有限公司	2019/7/22
CNA012941G	CNA20151800.9	珍宝2号	水稻	虎林市绿都种子有限责任公司	2019/7/22
CNA012942G	CNA20151811.6	Li55S	水稻	中国种子集团有限公司	2019/7/22
CNA012943G	CNA20151825.0	中旱48	水稻	中国水稻研究所	2019/7/22
CNA012944G	CNA20151836.7	中粳恢36	水稻	中国种子集团有限公司	2019/7/22
CNA012945G	CNA20151838.5	中粳恢183	水稻	中国种子集团有限公司	2019/7/22
CNA012946G	CNA20151841.0	中种956	水稻	中国种子集团有限公司	2019/7/22
CNA012947G	CNA20151846.5	广富S	水稻	广东省农业科学院水稻研究所	2019/7/22
CNA012948G	CNA20151882.0	宁两优7号	水稻	江苏省农业科学院	2019/7/22
CNA012949G	CNA20151890.0	信2121Awx	水稻	信阳市农业科学院	2019/7/22
CNA012950G	CNA20151915.1	Z9028	水稻	合肥信达高科农业科学研究所	2019/7/22
CNA012951G	CNA20151916.0	HFR16	水稻	合肥信达高科农业科学研究所	2019/7/22
CNA012952G	CNA20151917.9	F168S	水稻	安徽赛诺种业有限公司	2019/7/22
CNA012953G	CNA20151918.8	绍籼122	水稻	绍兴市农业科学研究院	2019/7/22
CNA012954G	CNA20151925.9	吉优粤农丝苗	水稻	北京金色农华种业科技股份有限公司	2019/7/22
CNA012955G	CNA20151926.8	荣优粤农丝苗	水稻	北京金色农华种业科技股份有限公司	2019/7/22
CNA012956G	CNA20151928.6	安优粤农丝苗	水稻	北京金色农华种业科技股份有限公司	2019/7/22
CNA012957G	CNA20151929.5	早优粤农丝苗	水稻	北京金色农华种业科技股份有限公司	2019/7/22
CNA012958G	CNA20151960.5	全2S	水稻	湖北荃银高科种业有限公司	2019/7/22
CNA012959G	CNA20151962.3	松粳22	水稻	黑龙江省农业科学院五常水稻研究所	2019/7/22
CNA012960G	CNA20151988.3	隆粳13号	水稻	国家粳稻工程技术研究中心；天津天隆科技股份有限公司	2019/7/22
CNA012961G	CNA20151989.2	隆粳1058	水稻	国家粳稻工程技术研究中心；天津天隆科技股份有限公司	2019/7/22

（续）

公告号	品种权号	品种名称	植物属种	品种权人	授权日
CNA012962G	CNA20151990.9	隆粳香9765	水稻	国家粳稻工程技术研究中心；天津天隆科技股份有限公司	2019/7/22
CNA012963G	CNA20152008.7	甬优1109	水稻	宁波市种子有限公司	2019/7/22
CNA012964G	CNA20152029.2	深两优3117	水稻	湖南隆平种业有限公司	2019/7/22
CNA012965G	CNA20152036.3	广两优998	水稻	安徽金培因科技有限公司	2019/7/22
CNA012966G	CNA20152038.1	天粳3号	水稻	天禾农业科技集团股份有限公司	2019/7/22
CNA012967G	CNA20152044.3	L66S	水稻	鲁春香	2019/7/22
CNA012968G	CNA20160003.5	荃优727	水稻	安徽荃银高科种业股份有限公司；四川省农业科学院作物研究所；湖北荃银高科种业有限公司	2019/7/22
CNA012969G	CNA20160010.6	盐恢1393	水稻	江苏沿海地区农业科学研究所	2019/7/22
CNA012970G	CNA20160016.0	交恢1号	水稻	上海旗冰种业科技有限公司	2019/7/22
CNA012971G	CNA20160017.9	长农粳1号	水稻	长江大学	2019/7/22
CNA012972G	CNA20160020.4	天稻13	水稻	国家粳稻工程技术研究中心；天津天隆科技股份有限公司	2019/7/22
CNA012973G	CNA20160032.0	津原89	水稻	天津市原种场	2019/7/22
CNA012974G	CNA20160046.4	明珠16S	水稻	蚌埠海上明珠农业科技发展有限公司；安徽省农业科学院水稻研究所	2019/7/22
CNA012975G	CNA20160047.3	LR16	水稻	安徽绿雨种业股份有限公司	2019/7/22
CNA012976G	CNA20160048.2	绿粳58	水稻	安徽绿雨种业股份有限公司	2019/7/22
CNA012977G	CNA20160077.6	润香1号	水稻	浙江省农业科学院；宁波市农业科学研究院；中国水稻研究所	2019/7/22
CNA012978G	CNA20160082.9	北粳2号	水稻	沈阳农业大学	2019/7/22
CNA012979G	CNA20160090.9	淮稻18号	水稻	江苏徐淮地区淮阴农业科学研究所；淮阴师范学院；江苏天丰种业有限公司	2019/7/22
CNA012980G	CNA20160101.6	哈135017	水稻	黑龙江省农业科学院耕作栽培研究所	2019/7/22
CNA012981G	CNA20160102.5	华粳8号	水稻	江苏省大华种业集团有限公司	2019/7/22
CNA012982G	CNA20160121.2	E56s	水稻	广西大学	2019/7/22
CNA012983G	CNA20160142.7	R2688	水稻	安徽省农业科学院水稻研究所	2019/7/22
CNA012984G	CNA20160164.0	金恢6号	水稻	福建农林大学；中国种子集团有限公司	2019/7/22
CNA012985G	CNA20160165.9	金恢7号	水稻	福建农林大学；中国种子集团有限公司	2019/7/22
CNA012986G	CNA20160167.7	金恢11号	水稻	福建农林大学；中国种子集团有限公司	2019/7/22

（续）

公告号	品种权号	品种名称	植物属种	品种权人	授权日
CNA012987G	CNA20160169.5	金恢44号	水稻	福建农林大学；中国种子集团有限公司	2019/7/22
CNA012988G	CNA20160170.2	金恢55号	水稻	福建农林大学；中国种子集团有限公司	2019/7/22
CNA012989G	CNA20160171.1	金恢99号	水稻	福建农林大学；中国种子集团有限公司	2019/7/22
CNA012990G	CNA20160172.0	金恢100号	水稻	福建农林大学；中国种子集团有限公司	2019/7/22
CNA012991G	CNA20160176.6	南粳4850	水稻	江苏省农业科学院	2019/7/22
CNA012992G	CNA20160177.5	南粳4924	水稻	江苏省农业科学院	2019/7/22
CNA012993G	CNA20160178.4	南粳5757	水稻	江苏省农业科学院	2019/7/22
CNA012994G	CNA20160179.3	南粳5920	水稻	江苏省农业科学院	2019/7/22
CNA012995G	CNA20160217.7	冈优952	水稻	西南大学	2019/7/22
CNA012996G	CNA20160219.5	青香软粳	水稻	上海市青浦区农业技术推广服务中心	2019/7/22
CNA012997G	CNA20160234.6	镇籼2A	水稻	江苏丘陵地区镇江农业科学研究所；江苏丰源种业有限公司	2019/7/22
CNA012998G	CNA20160235.5	镇籼3A	水稻	江苏丘陵地区镇江农业科学研究所；江苏丰源种业有限公司	2019/7/22
CNA012999G	CNA20160237.3	镇糯20号	水稻	江苏丰源种业有限公司；江苏丘陵地区镇江农业科学研究所	2019/7/22
CNA013000G	CNA20160257.8	德恢666	水稻	安徽省农业科学院水稻研究所	2019/7/22
CNA013001G	CNA20160290.7	盐恢065	水稻	盐城市盐都区农业科学研究所	2019/7/22
CNA013002G	CNA20160291.6	盐粳15号	水稻	盐城市盐都区农业科学研究所	2019/7/22
CNA013003G	CNA20160349.8	F133S	水稻	合肥丰乐种业股份有限公司	2019/7/22
CNA013004G	CNA20160406.8	袁策8号	水稻	青岛袁策生物科技有限公司	2019/7/22
CNA013005G	CNA20160407.7	袁策10号	水稻	青岛袁策生物科技有限公司	2019/7/22
CNA013006G	CNA20160416.6	津育粳18	水稻	天津市农作物研究所	2019/7/22
CNA013007G	CNA20160430.8	精华208	水稻	郯城县精华种业有限公司；张华	2019/7/22
CNA013008G	CNA20160438.0	创粳1号	水稻	安徽金培因科技有限公司	2019/7/22
CNA013009G	CNA20160447.9	哈121103	水稻	黑龙江省农业科学院耕作栽培研究所	2019/7/22
CNA013010G	CNA20160471.8	福恢6028	水稻	福建省农业科学院水稻研究所	2019/7/22
CNA013011G	CNA20160484.3	绥稻6号	水稻	绥化市盛昌种子繁育有限责任公司	2019/7/22
CNA013012G	CNA20160512.9	金廊粳2号	水稻	上海市农业生物基因中心	2019/7/22
CNA013013G	CNA20160521.8	垦稻33	水稻	北大荒垦丰种业股份有限公司	2019/7/22

（续）

公告号	品种权号	品种名称	植物属种	品种权人	授权日
CNA013014G	CNA20160524.5	龙垦202	水稻	北大荒垦丰种业股份有限公司	2019/7/22
CNA013015G	CNA20160525.4	龙垦203	水稻	北大荒垦丰种业股份有限公司	2019/7/22
CNA013016G	CNA20160526.3	梧选007	水稻	北大荒垦丰种业股份有限公司	2019/7/22
CNA013017G	CNA20160527.2	梧选197	水稻	北大荒垦丰种业股份有限公司	2019/7/22
CNA013018G	CNA20160529.0	垦稻30	水稻	北大荒垦丰种业股份有限公司	2019/7/22
CNA013019G	CNA20160530.7	垦稻31	水稻	北大荒垦丰种业股份有限公司	2019/7/22
CNA013020G	CNA20160531.6	垦稻32	水稻	北大荒垦丰种业股份有限公司	2019/7/22
CNA013021G	CNA20160532.5	垦稻42	水稻	北大荒垦丰种业股份有限公司	2019/7/22
CNA013022G	CNA20160552.0	富1S	水稻	安徽丰大种业股份有限公司	2019/7/22
CNA013023G	CNA20160556.6	天勤3025	水稻	合肥市永乐水稻研究所	2019/7/22
CNA013024G	CNA20160557.5	永丰8号	水稻	合肥市永乐水稻研究所	2019/7/22
CNA013025G	CNA20160574.4	垦粳6号	水稻	北大荒垦丰种业股份有限公司；黑龙江八一农垦大学	2019/7/22
CNA013026G	CNA20160631.5	Y两优59	水稻	江苏徐农种业科技有限公司	2019/7/22
CNA013027G	CNA20160665.4	巨基0113	水稻	黑龙江省巨基农业科技开发有限公司	2019/7/22
CNA013028G	CNA20160705.6	牡粘5号	水稻	黑龙江省农业科学院牡丹江分院	2019/7/22
CNA013029G	CNA20160706.5	牡育稻39	水稻	黑龙江省农业科学院牡丹江分院	2019/7/22
CNA013030G	CNA20160708.3	牡育稻56	水稻	黑龙江省农业科学院牡丹江分院	2019/7/22
CNA013031G	CNA20160872.3	金0831	水稻	金华市农业科学研究院	2019/7/22
CNA013032G	CNA20160905.4	龙粳59	水稻	黑龙江省农业科学院佳木斯水稻研究所；佳木斯龙粳种业有限公司	2019/7/22
CNA013033G	CNA20160961.5	垦稻41	水稻	北大荒垦丰种业股份有限公司	2019/7/22
CNA013034G	CNA20160963.3	垦稻50	水稻	北大荒垦丰种业股份有限公司	2019/7/22
CNA013035G	CNA20160964.2	垦稻121241	水稻	北大荒垦丰种业股份有限公司	2019/7/22
CNA013036G	CNA20161029.3	垦稻34	水稻	北大荒垦丰种业股份有限公司	2019/7/22
CNA013037G	CNA20161161.1	农香39	水稻	湖南省水稻研究所	2019/7/22
CNA013038G	CNA20161214.8	华丰59A	水稻	江西现代种业股份有限公司	2019/7/22
CNA013039G	CNA20161242.4	望恢018	水稻	湖南希望种业科技股份有限公司	2019/7/22
CNA013040G	CNA20161248.8	望恢209	水稻	湖南希望种业科技股份有限公司	2019/7/22
CNA013041G	CNA20161255.8	035S	水稻	湖南希望种业科技股份有限公司	2019/7/22
CNA013042G	CNA20161257.6	B621S	水稻	湖南希望种业科技股份有限公司	2019/7/22
CNA013043G	CNA20161310.1	金泰A	水稻	福建农林大学	2019/7/22

（续）

公告号	品种权号	品种名称	植物属种	品种权人	授权日
CNA013044G	CNA20161368.2	白金1205	水稻	广西白金种子股份有限公司	2019/7/22
CNA013045G	CNA20161371.7	天源903S	水稻	武汉武大天源生物科技股份有限公司	2019/7/22
CNA013046G	CNA20161392.2	雪麋香1号	水稻	江苏焦点农业科技有限公司	2019/7/22
CNA013047G	CNA20161435.1	舜耕01S	水稻	安徽舜耕农业有限公司	2019/7/22
CNA013048G	CNA20161444.0	红壳籼宝	水稻	湖南省水稻研究所	2019/7/22
CNA013049G	CNA20161485.0	N714S	水稻	宇顺高科种业股份有限公司	2019/7/22
CNA013050G	CNA20161540.3	源95S	水稻	武汉武大天源生物科技股份有限公司	2019/7/22
CNA013051G	CNA20161758.0	Z69S	水稻	安徽省农业科学院水稻研究所	2019/7/22
CNA013052G	CNA20161759.9	徽旱S	水稻	安徽省农业科学院水稻研究所	2019/7/22
CNA013053G	CNA20161760.6	徽两优985	水稻	安徽省农业科学院水稻研究所；安徽荃银种业股份有限公司	2019/7/22
CNA013054G	CNA20161761.5	永丰1239	水稻	合肥市永乐水稻研究所	2019/7/22
CNA013055G	CNA20161767.9	荆占1号	水稻	湖北荆楚种业科技有限公司；长江大学	2019/7/22
CNA013056G	CNA20161935.6	两优华363	水稻	安徽省农业科学院水稻研究所	2019/7/22
CNA013057G	CNA20161988.2	化感稻6173	水稻	芜湖市星火农业实用技术研究所	2019/7/22
CNA013058G	CNA20161990.8	徽两优280	水稻	江西金信种业有限公司	2019/7/22
CNA013059G	CNA20162032.6	菡稻6	水稻	河南师范大学；河南菡香生态农业专业合作社	2019/7/22
CNA013060G	CNA20162265.4	中种芯3S	水稻	中国种子集团有限公司	2019/7/22
CNA013061G	CNA20162312.7	春6S	水稻	中国农业科学院深圳农业基因组研究所；中国农业科学院作物科学研究所	2019/7/22
CNA013062G	CNA20162346.7	R802	水稻	湖南省水稻研究所	2019/7/22
CNA013063G	CNA20170115.9	绥育117463	水稻	黑龙江省农业科学院绥化分院	2019/7/22
CNA013064G	CNA20170117.7	绥118146	水稻	黑龙江省农业科学院绥化分院	2019/7/22
CNA013065G	CNA20170335.3	齐粳2号	水稻	黑龙江省农业科学院齐齐哈尔分院	2019/7/22
CNA013066G	CNA20170384.3	中种R1607	水稻	中国种子集团有限公司	2019/7/22
CNA013067G	CNA20170614.5	Y两优911	水稻	湖南袁创超级稻技术有限公司	2019/7/22
CNA013068G	CNA20170615.4	旺两优900	水稻	湖南袁创超级稻技术有限公司	2019/7/22
CNA013069G	CNA20170898.2	粳香0908	水稻	安徽凯利种业有限公司	2019/7/22
CNA013070G	CNA20170957.0	龙粳1525	水稻	黑龙江省农业科学院佳木斯水稻研究所；佳木斯龙粳种业有限公司	2019/7/22

（续）

公告号	品种权号	品种名称	植物属种	品种权人	授权日
CNA013071G	CNA20171536.8	龙粳4298	水稻	黑龙江省农业科学院佳木斯水稻研究所；佳木斯龙粳种业有限公司	2019/7/22
CNA013072G	CNA20171537.7	龙粳4556	水稻	黑龙江省农业科学院佳木斯水稻研究所；佳木斯龙粳种业有限公司	2019/7/22
CNA013073G	CNA20171538.6	龙粳4344	水稻	黑龙江省农业科学院佳木斯水稻研究所；佳木斯龙粳种业有限公司	2019/7/22
CNA013074G	CNA20172605.2	赣优735	水稻	江苏中江种业股份有限公司；江西省农业科学院水稻研究所	2019/7/22
CNA013075G	CNA20172606.1	荃9优063	水稻	江苏中江种业股份有限公司；安徽荃银高科种业股份有限公司	2019/7/22
CNA013076G	CNA20172850.4	连粳15号	水稻	连云港市农业科学院	2019/7/22
CNA013077G	CNA20172930.8	龙盾513	水稻	黑龙江省莲江口种子有限公司	2019/7/22
CNA013078G	CNA20173223.2	春199S	水稻	中国农业科学院作物科学研究所	2019/7/22
CNA013079G	CNA20173623.8	旺两优107	水稻	湖南袁创超级稻技术有限公司	2019/7/22
CNA013080G	CNA20180073.8	华恢8129	水稻	湖南亚华种业科学研究院	2019/7/22
CNA013081G	CNA20180267.4	虾乡稻1号	水稻	湖北省农业科学院粮食作物研究所；中垦锦绣华农武汉科技有限公司	2019/7/22
CNA013082G	CNA20180389.7	扬粳3491	水稻	江苏里下河地区农业科学研究所；江苏农科种业研究院有限公司	2019/7/22
CNA013083G	CNA20180391.3	扬粳3012	水稻	江苏里下河地区农业科学研究所；江苏金土地种业有限公司	2019/7/22
CNA013084G	CNA20180627.9	龙粳2401	水稻	黑龙江省农业科学院佳木斯水稻研究所	2019/7/22
CNA013085G	CNA20180673.2	新稻89	水稻	河南省新乡市农业科学院	2019/7/22
CNA013086G	CNA20180822.2	嘉禾212A	水稻	浙江省嘉兴市农业科学研究院（所）	2019/7/22
CNA013087G	CNA20180823.1	中禾优1号	水稻	中国科学院遗传与发育生物学研究所；浙江省嘉兴市农业科学研究院（所）	2019/7/22
CNA013088G	CNA20180957.9	莲育1013	水稻	黑龙江省莲江口种子有限公司	2019/7/22
CNA013089G	CNA20181546.5	中广两优1226	水稻	中国种子集团有限公司	2019/7/22
CNA013090G	CNA20181547.4	中广两优2115	水稻	中国种子集团有限公司；四川农业大学	2019/7/22
CNA013091G	CNA20181548.3	中广两优2877	水稻	中国种子集团有限公司	2019/7/22
CNA013092G	CNA20181568.8	R2821	水稻	湖南农业大学；中国种子集团有限公司	2019/7/22
CNA013093G	CNA20182568.6	常农粳12号	水稻	常熟市农业科学研究所	2019/7/22

（续）

公告号	品种权号	品种名称	植物属种	品种权人	授权日
CNA013094G	CNA20182901.2	扬两优309	水稻	江苏里下河地区农业科学研究所	2019/7/22
CNA013095G	CNA20182902.1	扬两优228	水稻	江苏里下河地区农业科学研究所；江苏农科种业研究院有限公司	2019/7/22
CNA013096G	CNA20183152.6	全两优鄂丰丝苗	水稻	湖北荃银高科种业有限公司	2019/7/22
CNA013097G	CNA20183414.0	福粳1606	水稻	江苏神农大丰种业科技有限公司	2019/7/22
CNA013098G	CNA20183604.0	魅两优黄占	水稻	湖北华之夏种子有限责任公司	2019/7/22
CNA013099G	CNA20151122.0	云瑞10号	玉米	云南田瑞种业有限公司	2019/7/22
CNA013100G	CNA20151123.9	云瑞666	玉米	云南田瑞种业有限公司	2019/7/22
CNA013101G	CNA20151124.8	云瑞505	玉米	云南田瑞种业有限公司	2019/7/22
CNA013102G	CNA20151125.7	云瑞222	玉米	云南田瑞种业有限公司	2019/7/22
CNA013103G	CNA20151169.4	利合325	玉米	利马格兰欧洲	2019/7/22
CNA013104G	CNA20151524.4	MEF4010	玉米	孟山都科技有限责任公司	2019/7/22
CNA013105G	CNA20151603.8	先玉1382	玉米	先锋国际良种公司	2019/7/22
CNA013106G	CNA20151696.6	先玉1680	玉米	先锋国际良种公司	2019/7/22
CNA013107G	CNA20151697.5	先玉1173	玉米	先锋国际良种公司	2019/7/22
CNA013108G	CNA20151830.3	YHM2411	玉米	广西恒茂农业科技有限公司	2019/7/22
CNA013109G	CNA20151892.8	青青500	玉米	南宁市正昊农业科学研究院；广西青青农业科技有限公司	2019/7/22
CNA013110G	CNA20151893.7	青青700	玉米	南宁市正昊农业科学研究院；广西青青农业科技有限公司	2019/7/22
CNA013111G	CNA20160054.3	中单856	玉米	中国农业科学院作物科学研究所	2019/7/22
CNA013112G	CNA20160370.0	N8924	玉米	黑龙江省农业科学院齐齐哈尔分院	2019/7/22
CNA013113G	CNA20160599.5	桂单1125	玉米	广西壮族自治区农业科学院玉米研究所；广西兆和种业有限公司	2019/7/22
CNA013114G	CNA20160749.4	LR289	玉米	云南明晖麒圣实业有限公司	2019/7/22
CNA013115G	CNA20160766.2	N7923	玉米	黑龙江省农业科学院齐齐哈尔分院	2019/7/22
CNA013116G	CNA20160790.2	正大719	玉米	襄阳正大农业开发有限公司	2019/7/22
CNA013117G	CNA20161020.2	先玉1419	玉米	先锋国际良种公司	2019/7/22
CNA013118G	CNA20161046.2	大玉糯2号	玉米	大理白族自治州农业科学推广研究院；陈怀军	2019/7/22
CNA013119G	CNA20161113.0	NG7015	玉米	白银谷丰源玉米种植研究所；北京新锐恒丰种子科技有限公司	2019/7/22
CNA013120G	CNA20161114.9	GFY1481	玉米	白银谷丰源玉米种植研究所；北京新锐恒丰种子科技有限公司	2019/7/22
CNA013121G	CNA20161115.8	GFY2471	玉米	白银谷丰源玉米种植研究所；北京新锐恒丰种子科技有限公司	2019/7/22

（续）

公告号	品种权号	品种名称	植物属种	品种权人	授权日
CNA013122G	CNA20161116.7	GFY5088	玉米	白银谷丰源玉米种植研究所；北京新锐恒丰种子科技有限公司	2019/7/22
CNA013123G	CNA20161117.6	GFY5099	玉米	白银谷丰源玉米种植研究所；北京新锐恒丰种子科技有限公司	2019/7/22
CNA013124G	CNA20161118.5	HJ4601	玉米	白银谷丰源玉米种植研究所；北京新锐恒丰种子科技有限公司	2019/7/22
CNA013125G	CNA20161119.4	RJ4017	玉米	白银谷丰源玉米种植研究所；北京新锐恒丰种子科技有限公司	2019/7/22
CNA013126G	CNA20161140.7	得D39	玉米	云南得玉种业有限公司	2019/7/22
CNA013127G	CNA20161197.9	万鲜甜150	玉米	万农高科股份有限公司	2019/7/22
CNA013128G	CNA20161198.8	万鲜甜159	玉米	万农高科股份有限公司	2019/7/22
CNA013129G	CNA20161200.4	万鲜甜178	玉米	万农高科股份有限公司	2019/7/22
CNA013130G	CNA20161417.3	先玉1463	玉米	先锋国际良种公司	2019/7/22
CNA013131G	CNA20161420.8	先玉1566	玉米	先锋国际良种公司	2019/7/22
CNA013132G	CNA20161457.4	迪卡1202	玉米	中种国际种子有限公司	2019/7/22
CNA013133G	CNA20161458.3	迪卡3081	玉米	中种国际种子有限公司	2019/7/22
CNA013134G	CNA20161470.7	先玉1440	玉米	先锋国际良种公司	2019/7/22
CNA013135G	CNA20161475.2	先玉1550	玉米	先锋国际良种公司	2019/7/22
CNA013136G	CNA20161477.0	先玉1595	玉米	先锋国际良种公司	2019/7/22
CNA013137G	CNA20161605.5	中江玉5号	玉米	江苏中江种业股份有限公司	2019/7/22
CNA013138G	CNA20161749.2	XN1309	玉米	北京金色农华种业科技股份有限公司	2019/7/22
CNA013139G	CNA20162107.6	机玉12	玉米	河南亿佳和农业科技有限公司	2019/7/22
CNA013140G	CNA20162180.6	晋玉1A	玉米	山西省农业科学院生物技术研究中心	2019/7/22
CNA013141G	CNA20162275.2	鲲玉8号	玉米	石家庄蠡玉科技开发有限公司；河南鲲玉种业有限公司	2019/7/22
CNA013142G	CNA20170176.5	奥玉026	玉米	北京奥瑞金种业股份有限公司	2019/7/22
CNA013143G	CNA20170550.1	科沃9106	玉米	科沃施种子欧洲股份有限公司	2019/7/22
CNA013144G	CNA20170585.0	KWS1553	玉米	科沃施种子欧洲股份有限公司	2019/7/22
CNA013145G	CNA20170768.9	科河699	玉米	内蒙古巴彦淖尔市科河种业有限公司	2019/7/22
CNA013146G	CNA20170769.8	中农大751	玉米	内蒙古巴彦淖尔市科河种业有限公司；中国农业大学	2019/7/22
CNA013147G	CNA20170791.0	龙华369	玉米	河北可利尔种业有限公司	2019/7/22
CNA013148G	CNA20170814.3	金百甜15	玉米	青岛金妈妈农业科技有限公司	2019/7/22

（续）

公告号	品种权号	品种名称	植物属种	品种权人	授权日
CNA013149G	CNA20170820.5	KWS9108	玉米	科沃施种子欧洲股份有限公司	2019/7/22
CNA013150G	CNA20171032.7	亚舟1号	玉米	四川万德科技有限公司	2019/7/22
CNA013151G	CNA20171053.1	GY703	玉米	四川万德科技有限公司	2019/7/22
CNA013152G	CNA20171143.3	科沃666	玉米	科沃施种子欧洲股份有限公司	2019/7/22
CNA013153G	CNA20171144.2	科沃5902	玉米	科沃施种子欧洲股份有限公司	2019/7/22
CNA013154G	CNA20171214.7	德合777	玉米	河南德合坤元农业科技有限公司	2019/7/22
CNA013155G	CNA20171215.6	合育337	玉米	河南德合坤元农业科技有限公司	2019/7/22
CNA013156G	CNA20171521.5	科玉188	玉米	河北科腾生物科技有限公司； 昆山科腾生物科技有限公司	2019/7/22
CNA013157G	CNA20171819.6	先玉1508	玉米	先锋国际良种公司	2019/7/22
CNA013158G	CNA20171929.3	R5156	玉米	中种国际种子有限公司	2019/7/22
CNA013159G	CNA20171957.8	利单638	玉米	利马格兰欧洲	2019/7/22
CNA013160G	CNA20171958.7	利单656	玉米	利马格兰欧洲	2019/7/22
CNA013161G	CNA20171964.9	利单668	玉米	利马格兰欧洲	2019/7/22
CNA013162G	CNA20171965.8	利单679	玉米	利马格兰欧洲	2019/7/22
CNA013163G	CNA20172236.9	伟育618	玉米	河南宝景农业科技有限公司	2019/7/22
CNA013164G	CNA20172377.8	C3061	玉米	中种国际种子有限公司	2019/7/22
CNA013165G	CNA20172378.7	Q2935	玉米	中种国际种子有限公司	2019/7/22
CNA013166G	CNA20172380.3	C2191	玉米	中种国际种子有限公司	2019/7/22
CNA013167G	CNA20172388.5	先玉1416	玉米	先锋国际良种公司	2019/7/22
CNA013168G	CNA20172389.4	先玉820	玉米	先锋国际良种公司	2019/7/22
CNA013169G	CNA20172390.1	先玉1483	玉米	先锋国际良种公司	2019/7/22
CNA013170G	CNA20172392.9	先玉1480	玉米	先锋国际良种公司	2019/7/22
CNA013171G	CNA20172480.2	和甜五号	玉米	上海蔬菜研究所	2019/7/22
CNA013172G	CNA20172901.3	苏玉44	玉米	宿迁中江种业有限公司	2019/7/22
CNA013173G	CNA20173770.9	衡玉6105	玉米	河北省农林科学院旱作农业研究所	2019/7/22
CNA013174G	CNA20180320.9	东农264	玉米	东北农业大学	2019/7/22
CNA013175G	CNA20180321.8	东农266	玉米	东北农业大学	2019/7/22
CNA013176G	CNA20180322.7	东农270	玉米	东北农业大学	2019/7/22
CNA013177G	CNA20180367.3	机玉7号	玉米	河南亿佳和农业科技有限公司	2019/7/22
CNA013178G	CNA20180368.2	机玉110	玉米	河南亿佳和农业科技有限公司	2019/7/22
CNA013179G	CNA20180369.1	机玉18	玉米	河南亿佳和农业科技有限公司	2019/7/22
CNA013180G	CNA20180427.1	东农265	玉米	东北农业大学	2019/7/22

（续）

公告号	品种权号	品种名称	植物属种	品种权人	授权日
CNA013181G	CNA20180643.9	利合721	玉米	利马格兰欧洲	2019/7/22
CNA013182G	CNA20180646.6	利单759	玉米	利马格兰欧洲	2019/7/22
CNA013183G	CNA20180648.4	利单771	玉米	利马格兰欧洲	2019/7/22
CNA013184G	CNA20180649.3	利单776	玉米	利马格兰欧洲	2019/7/22
CNA013185G	CNA20180650.9	利单789	玉米	利马格兰欧洲	2019/7/22
CNA013186G	CNA20180748.3	利单758	玉米	利马格兰欧洲	2019/7/22
CNA013187G	CNA20180749.2	利单779	玉米	利马格兰欧洲	2019/7/22
CNA013188G	CNA20180750.8	利单788	玉米	利马格兰欧洲	2019/7/22
CNA013189G	CNA20181037.1	江玉898	玉米	宿迁中江种业有限公司	2019/7/22
CNA013190G	CNA20181254.7	机单238	玉米	北京金色丰度种业科技有限公司	2019/7/22
CNA013191G	CNA20181310.9	郑641	玉米	河南省农业科学院粮食作物研究所	2019/7/22
CNA013192G	CNA20181311.8	郑642	玉米	河南省农业科学院粮食作物研究所	2019/7/22
CNA013193G	CNA20181312.7	郑651	玉米	河南省农业科学院粮食作物研究所	2019/7/22
CNA013194G	CNA20181313.6	郑单7143	玉米	河南省农业科学院粮食作物研究所	2019/7/22
CNA013195G	CNA20181314.5	郑单7153	玉米	河南省农业科学院粮食作物研究所	2019/7/22
CNA013196G	CNA20181355.5	和甜糯一号	玉米	上海蔬菜研究所	2019/7/22
CNA013197G	CNA20181357.3	JH4T1	玉米	莱州市金海作物研究所有限公司	2019/7/22
CNA013198G	CNA20181358.2	JH4M21B	玉米	莱州市金海作物研究所有限公司	2019/7/22
CNA013199G	CNA20181359.1	JH22	玉米	莱州市金海作物研究所有限公司	2019/7/22
CNA013200G	CNA20181360.8	JH1541	玉米	莱州市金海作物研究所有限公司	2019/7/22
CNA013201G	CNA20181361.7	JH5841	玉米	莱州市金海作物研究所有限公司	2019/7/22
CNA013202G	CNA20181390.2	登海528	玉米	山东登海种业股份有限公司	2019/7/22
CNA013203G	CNA20181540.1	JL41	玉米	山东金来种业有限公司	2019/7/22
CNA013204G	CNA20181751.5	农大683	玉米	中国农业大学；河南省豫玉种业股份有限公司	2019/7/22
CNA013205G	CNA20181752.4	中农大788	玉米	河南省豫玉种业股份有限公司；中国农业大学	2019/7/22
CNA013206G	CNA20181753.3	美豫22	玉米	河南省豫玉种业股份有限公司	2019/7/22
CNA013207G	CNA20181754.2	美豫33	玉米	河南省豫玉种业股份有限公司	2019/7/22
CNA013208G	CNA20181755.1	美豫61	玉米	河南省豫玉种业股份有限公司	2019/7/22
CNA013209G	CNA20181756.0	美豫812	玉米	河南省豫玉种业股份有限公司；山西省农业科学院农作物品种资源研究所	2019/7/22
CNA013210G	CNA20181757.9	中奕农23	玉米	河南省豫玉种业股份有限公司	2019/7/22

（续）

公告号	品种权号	品种名称	植物属种	品种权人	授权日
CNA013211G	CNA20181759.7	豫禾695	玉米	河南省豫玉种业股份有限公司	2019/7/22
CNA013212G	CNA20181777.5	DF617	玉米	山西大丰种业有限公司	2019/7/22
CNA013213G	CNA20181838.2	FL018	玉米	湖北康农种业股份有限公司	2019/7/22
CNA013214G	CNA20181839.1	FL518	玉米	湖北康农种业股份有限公司	2019/7/22
CNA013215G	CNA20181840.8	SCL05	玉米	湖北康农种业股份有限公司	2019/7/22
CNA013216G	CNA20181895.2	云瑞18	玉米	云南田瑞种业有限公司	2019/7/22
CNA013217G	CNA20181896.1	云瑞66	玉米	云南省农业科学院粮食作物研究所	2019/7/22
CNA013218G	CNA20181897.0	云瑞119	玉米	云南田瑞种业有限公司	2019/7/22
CNA013219G	CNA20181899.8	云瑞808	玉米	云南田瑞种业有限公司	2019/7/22
CNA013220G	CNA20181901.4	兴单101	玉米	云南人瑞农业科技开发有限公司	2019/7/22
CNA013221G	CNA20181919.4	先玉1512	玉米	先锋国际良种公司	2019/7/22
CNA013222G	CNA20181944.3	K6961	玉米	中种国际种子有限公司	2019/7/22
CNA013223G	CNA20181994.2	科玉153	玉米	中国科学院遗传与发育生物学研究所；渤海粮仓南皮种业有限公司	2019/7/22
CNA013224G	CNA20182011.9	先玉1509	玉米	先锋国际良种公司	2019/7/22
CNA013225G	CNA20182037.9	先玉1420	玉米	先锋国际良种公司	2019/7/22
CNA013226G	CNA20182038.8	先玉1503	玉米	先锋国际良种公司	2019/7/22
CNA013227G	CNA20182039.7	先玉1611	玉米	先锋国际良种公司	2019/7/22
CNA013228G	CNA20182040.4	先玉1619	玉米	先锋国际良种公司	2019/7/22
CNA013229G	CNA20182041.3	先玉1620	玉米	先锋国际良种公司	2019/7/22
CNA013230G	CNA20182079.8	FL025	玉米	湖北康农种业股份有限公司	2019/7/22
CNA013231G	CNA20182088.7	先玉1526	玉米	先锋国际良种公司	2019/7/22
CNA013232G	CNA20182113.6	博玉69	玉米	中林集团张掖金象种业有限公司	2019/7/22
CNA013233G	CNA20182133.2	渭玉369	玉米	陕西天丞禾农业科技有限公司	2019/7/22
CNA013234G	CNA20182134.1	渭玉899	玉米	陕西天丞禾农业科技有限公司	2019/7/22
CNA013235G	CNA20182135.0	渭玉1838	玉米	陕西天丞禾农业科技有限公司	2019/7/22
CNA013236G	CNA20182151.9	先玉1650	玉米	先锋国际良种公司	2019/7/22
CNA013237G	CNA20182152.8	先玉1656	玉米	先锋国际良种公司	2019/7/22
CNA013238G	CNA20182346.5	J07	玉米	河南金博士种业股份有限公司	2019/7/22
CNA013239G	CNA20182347.4	J381	玉米	河南金博士种业股份有限公司	2019/7/22
CNA013240G	CNA20182348.3	WG19	玉米	河南金博士种业股份有限公司	2019/7/22
CNA013241G	CNA20182384.8	FL119	玉米	湖北康农种业股份有限公司	2019/7/22
CNA013242G	CNA20182592.6	DF686	玉米	山西大丰种业有限公司	2019/7/22

（续）

公告号	品种权号	品种名称	植物属种	品种权人	授权日
CNA013243G	CNA20182736.3	L7003	玉米	中种国际种子有限公司	2019/7/22
CNA013244G	CNA20182778.2	先玉1506	玉米	先锋国际良种公司	2019/7/22
CNA013245G	CNA20182779.1	先玉1516	玉米	先锋国际良种公司	2019/7/22
CNA013246G	CNA20182781.7	先玉1616	玉米	先锋国际良种公司	2019/7/22
CNA013247G	CNA20182782.6	先玉1621	玉米	先锋国际良种公司	2019/7/22
CNA013248G	CNA20182783.5	先玉1622	玉米	先锋国际良种公司	2019/7/22
CNA013249G	CNA20182808.6	晋糯20号	玉米	山西大丰种业有限公司	2019/7/22
CNA013250G	CNA20183123.2	乐农83	玉米	河南金博士种业股份有限公司	2019/7/22
CNA013251G	CNA20183124.1	乐农85	玉米	河南金博士种业股份有限公司	2019/7/22
CNA013252G	CNA20183125.0	乐农86	玉米	河南金博士种业股份有限公司	2019/7/22
CNA013253G	CNA20183126.9	乐农87	玉米	河南金博士种业股份有限公司	2019/7/22
CNA013254G	CNA20183127.8	金博士679	玉米	河南金博士种业股份有限公司	2019/7/22
CNA013255G	CNA20183128.7	金博士705	玉米	河南金博士种业股份有限公司	2019/7/22
CNA013256G	CNA20183129.6	金博士718	玉米	河南金博士种业股份有限公司	2019/7/22
CNA013257G	CNA20183130.3	金博士719	玉米	河南金博士种业股份有限公司	2019/7/22
CNA013258G	CNA20183131.2	金博士721	玉米	河南金博士种业股份有限公司	2019/7/22
CNA013259G	CNA20183133.0	金博士729	玉米	河南金博士种业股份有限公司	2019/7/22
CNA013260G	CNA20183135.8	金博士786	玉米	河南金博士种业股份有限公司	2019/7/22
CNA013261G	CNA20183136.7	金博士822	玉米	河南金博士种业股份有限公司	2019/7/22
CNA013262G	CNA20183137.6	金博士829	玉米	河南金博士种业股份有限公司	2019/7/22
CNA013263G	CNA20183138.5	金博士866	玉米	河南金博士种业股份有限公司	2019/7/22
CNA013264G	CNA20183245.5	粟丰598	玉米	河北粟神种子科技有限公司	2019/7/22
CNA013265G	CNA20183377.5	豫禾161	玉米	河南省豫玉种业股份有限公司	2019/7/22
CNA013266G	CNA20183599.7	金博士723	玉米	河南金博士种业股份有限公司	2019/7/22
CNA013267G	CNA20150885.9	H4266	普通小麦	宁夏农林科学院	2019/7/22
CNA013268G	CNA20151308.6	农麦1号	普通小麦	江苏神农大丰种业科技有限公司	2019/7/22
CNA013269G	CNA20160626.2	宁春55号	普通小麦	宁夏农林科学院农作物研究所	2019/7/22
CNA013270G	CNA20173105.5	扬辐麦10号	普通小麦	江苏里下河地区农业科学研究所；江苏农科种业研究院有限公司	2019/7/22
CNA013271G	CNA20182619.5	长5553	普通小麦	山西省农业科学院谷子研究所	2019/7/22
CNA013272G	CNA20182955.7	克春111571	普通小麦	黑龙江省农业科学院克山分院	2019/7/22
CNA013273G	CNA20182956.6	克春111362	普通小麦	黑龙江省农业科学院克山分院	2019/7/22

（续）

公告号	品种权号	品种名称	植物属种	品种权人	授权日
CNA013274G	CNA20183140.1	晨博998	普通小麦	河南省亳都种业有限公司；河南晨博种业有限公司	2019/7/22
CNA013275G	CNA20183142.9	泛麦536	普通小麦	河南黄泛区地神种业有限公司	2019/7/22
CNA013276G	CNA20183598.8	鲁原118	普通小麦	山东鲁研农业良种有限公司；山东省农业科学院原子能农业应用研究所；山东省农业科学院农产品研究所	2019/7/22
CNA013277G	CNA20150672.6	冀谷36	谷子	河北省农林科学院谷子研究所	2019/7/22
CNA013278G	CNA20160777.9	苏红3号	小豆	江苏省农业科学院	2019/7/22
CNA013279G	CNA20160757.3	苏绿6号	绿豆	江苏省农业科学院	2019/7/22
CNA013280G	CNA20161877.6	苏绿4号	绿豆	江苏省农业科学院	2019/7/22
CNA013281G	CNA20170456.6	豫黄0311	大豆	洛阳市嘉创农业开发有限公司	2019/7/22
CNA013282G	CNA20180705.4	汇农417	大豆	史建辉	2019/7/22
CNA013283G	CNA20181413.5	中作豆1号	大豆	中国农业科学院作物科学研究所	2019/7/22
CNA013284G	CNA20181607.1	沧豆11	大豆	沧州市农林科学院	2019/7/22
CNA013285G	CNA20170772.3	开农301	花生	开封市农林科学研究院	2019/7/22
CNA013286G	CNA20170773.2	开农1760	花生	开封市农林科学研究院	2019/7/22
CNA013287G	CNA20172556.1	安花3号	花生	安阳市农业科学院	2019/7/22
CNA013288G	CNA20170567.2	雪育5号	马铃薯	雪川农业发展股份有限公司	2019/7/22
CNA013289G	CNA20170568.1	雪育15号	马铃薯	雪川农业发展股份有限公司	2019/7/22
CNA013290G	CNA20170569.0	雪育18号	马铃薯	雪川农业发展股份有限公司	2019/7/22
CNA013291G	CNA20170570.7	雪育17号	马铃薯	雪川农业发展股份有限公司	2019/7/22
CNA013292G	CNA20151530.6	中棉所110	棉属	中国农业科学院棉花研究所	2019/7/22
CNA013293G	CNA20151531.5	中棉所3018	棉属	中国农业科学院棉花研究所	2019/7/22
CNA013294G	CNA20151772.3	冀棉315	棉属	河北省农林科学院棉花研究所	2019/7/22
CNA013295G	CNA20160374.6	鲁8H29	棉属	山东棉花研究中心；新疆金博种业中心	2019/7/22
CNA013296G	CNA20161010.4	邯218	棉属	邯郸市农业科学院	2019/7/22
CNA013297G	CNA20161059.6	衡优12	棉属	河北省农林科学院旱作农业研究所	2019/7/22
CNA013298G	CNA20161425.3	豫棉50	棉属	河南省农业科学院经济作物研究所	2019/7/22
CNA013299G	CNA20161481.4	中棉所99	棉属	中国农业科学院棉花研究所	2019/7/22
CNA013300G	CNA20161742.9	邯6203	棉属	邯郸市农业科学院	2019/7/22
CNA013301G	CNA20162013.9	百棉985	棉属	河南科技学院	2019/7/22
CNA013302G	CNA20172020.9	鲁棉241	棉属	山东棉花研究中心	2019/7/22
CNA013303G	CNA20172022.7	鲁H424	棉属	山东棉花研究中心	2019/7/22

（续）

公告号	品种权号	品种名称	植物属种	品种权人	授权日
CNA013304G	CNA20141568.2	天白65	大白菜	天津科润农业科技股份有限公司	2019/7/22
CNA013305G	CNA20141569.1	津娃娃1号	大白菜	天津科润农业科技股份有限公司	2019/7/22
CNA013306G	CNA20152063.9	豫新9号	大白菜	河南省农业科学院园艺研究所	2019/7/22
CNA013307G	CNA20160443.3	京春CR3	大白菜	京研益农（北京）种业科技有限公司；北京市农林科学院	2019/7/22
CNA013308G	CNA20160444.2	京春娃4号	大白菜	北京市农林科学院；京研益农（北京）种业科技有限公司	2019/7/22
CNA013309G	CNA20160755.5	CR天白15	大白菜	天津科润农业科技股份有限公司	2019/7/22
CNA013310G	CNA20172740.8	西星秋胜	大白菜	山东登海种业股份有限公司	2019/7/22
CNA013311G	CNA20172741.7	西星秋帅	大白菜	山东登海种业股份有限公司	2019/7/22
CNA013312G	CNA20173484.6	胜夏01	大白菜	山东省农业科学院蔬菜花卉研究所	2019/7/22
CNA013313G	CNA20151828.7	秦甘1652	普通结球甘蓝	西北农林科技大学	2019/7/22
CNA013314G	CNA20151851.7	千美5号	普通结球甘蓝	邢台双环种业有限公司	2019/7/22
CNA013315G	CNA20151852.6	双环56	普通结球甘蓝	邢台双环种业有限公司	2019/7/22
CNA013316G	CNA20151853.5	双环60	普通结球甘蓝	邢台双环种业有限公司	2019/7/22
CNA013317G	CNA20152014.9	冬丽42	普通结球甘蓝	北京华耐农业发展有限公司	2019/7/22
CNA013318G	CNA20152015.8	满月4号	普通结球甘蓝	北京华耐农业发展有限公司	2019/7/22
CNA013319G	CNA20160676.1	双环49	普通结球甘蓝	邢台双环种业有限公司	2019/7/22
CNA013320G	CNA20160677.0	双环50	普通结球甘蓝	邢台双环种业有限公司	2019/7/22
CNA013321G	CNA20161944.5	双环515	普通结球甘蓝	邢台双环种业有限公司	2019/7/22
CNA013322G	CNA20162520.5	捷甘111	普通结球甘蓝	河北捷如美农业科技开发有限公司	2019/7/22
CNA013323G	CNA20180573.3	中甘56	普通结球甘蓝	中国农业科学院蔬菜花卉研究所	2019/7/22
CNA013324G	CNA20180574.2	中甘628	普通结球甘蓝	中国农业科学院蔬菜花卉研究所	2019/7/22
CNA013325G	CNA20150346.2	黎曼	普通番茄	山东寿光蔬菜种业集团有限公司	2019/7/22
CNA013326G	CNA20150347.1	寿研矮生红樱	普通番茄	山东寿光蔬菜种业集团有限公司	2019/7/22
CNA013327G	CNA20150348.0	寿研红樱	普通番茄	山东寿光蔬菜种业集团有限公司	2019/7/22

（续）

公告号	品种权号	品种名称	植物属种	品种权人	授权日
CNA013328G	CNA20150349.9	寿研黄樱	普通番茄	山东寿光蔬菜种业集团有限公司	2019/7/22
CNA013329G	CNA20150350.5	寿研橙樱	普通番茄	山东寿光蔬菜种业集团有限公司	2019/7/22
CNA013330G	CNA20150924.2	御宴	普通番茄	北京博收种子有限公司	2019/7/22
CNA013331G	CNA20150927.9	TP1303	普通番茄	北京博收种子有限公司	2019/7/22
CNA013332G	CNA20151051.5	粉2338	普通番茄	北京中川绿禾农业科技有限公司	2019/7/22
CNA013333G	CNA20151116.8	美帅	普通番茄	圣尼斯蔬菜种子有限公司	2019/7/22
CNA013334G	CNA20151117.7	美贝	普通番茄	圣尼斯蔬菜种子有限公司	2019/7/22
CNA013335G	CNA20151473.5	粉2331	普通番茄	北京中川绿禾农业科技有限公司	2019/7/22
CNA013336G	CNA20151474.4	米兰达	普通番茄	北京中川绿禾农业科技有限公司	2019/7/22
CNA013337G	CNA20151725.1	苏粉16号	普通番茄	江苏省农业科学院	2019/7/22
CNA013338G	CNA20152045.2	金棚九号	普通番茄	西安金鹏种苗有限公司	2019/7/22
CNA013339G	CNA20160132.9	星宇206	普通番茄	包头市农业科学研究所	2019/7/22
CNA013340G	CNA20160386.2	京鲁3号	普通番茄	寿光市鲁盛农业科技发展有限公司	2019/7/22
CNA013341G	CNA20160769.9	京T301	普通番茄	绿亨科技股份有限公司	2019/7/22
CNA013342G	CNA20160770.6	圣桃6号	普通番茄	绿亨科技股份有限公司	2019/7/22
CNA013343G	CNA20161021.1	SV7845TH	普通番茄	圣尼斯蔬菜种子有限公司	2019/7/22
CNA013344G	CNA20161022.0	SV7846TH	普通番茄	圣尼斯蔬菜种子有限公司	2019/7/22
CNA013345G	CNA20161234.4	红穗	普通番茄	圣尼斯蔬菜种子有限公司	2019/7/22
CNA013346G	CNA20161235.3	欧可	普通番茄	圣尼斯蔬菜种子有限公司	2019/7/22
CNA013347G	CNA20161236.2	贝丝	普通番茄	圣尼斯蔬菜种子有限公司	2019/7/22
CNA013348G	CNA20171451.9	乾德番砧	普通番茄	上海乾德种业有限公司	2019/7/22
CNA013349G	CNA20150996.5	苏茄6号	茄子	江苏省农业科学院	2019/7/22
CNA013350G	CNA20160489.8	京茄808号	茄子	北京市农林科学院；京研益农（北京）种业科技有限公司	2019/7/22
CNA013351G	CNA20150937.7	京椒1号	辣椒属	北京博收种子有限公司	2019/7/22
CNA013352G	CNA20151699.3	SV9736HM	辣椒属	圣尼斯蔬菜种子有限公司	2019/7/22
CNA013353G	CNA20151758.1	望天红三号	辣椒属	河南红绿辣椒种业有限公司	2019/7/22
CNA013354G	CNA20151907.1	SP341	辣椒属	厦门百利种苗有限公司	2019/7/22
CNA013355G	CNA20160001.7	A96	辣椒属	濮阳市农业科学院	2019/7/22
CNA013356G	CNA20160239.1	SV1023HD	辣椒属	圣尼斯蔬菜种子有限公司	2019/7/22
CNA013357G	CNA20160240.8	SV2579HD	辣椒属	圣尼斯蔬菜种子有限公司	2019/7/22
CNA013358G	CNA20160654.7	辣宝90	辣椒属	瑞克斯旺种子种苗集团公司	2019/7/22
CNA013359G	CNA20161292.3	长成	辣椒属	绿亨科技股份有限公司	2019/7/22

（续）

公告号	品种权号	品种名称	植物属种	品种权人	授权日
CNA013360G	CNA20172670.2	苏润001	辣椒属	江苏苏润种业有限公司	2019/7/22
CNA013361G	CNA20172671.1	苏润002	辣椒属	江苏苏润种业有限公司	2019/7/22
CNA013362G	CNA20161787.5	中农37号	黄瓜	中国农业科学院蔬菜花卉研究所	2019/7/22
CNA013363G	CNA20160002.6	羞月85	花椰菜	北京华耐农业发展有限公司	2019/7/22
CNA013364G	CNA20151403.0	皋研豆1号	菜豆	如皋市农业科学研究所	2019/7/22
CNA013365G	CNA20180809.9	青蚕19号	蚕豆	青海省农林科学院；青海昆仑种业集团有限公司	2019/7/22
CNA013366G	CNA20161301.2	桂农科育1号	苦瓜	广西壮族自治区农业科学院蔬菜研究所	2019/7/22
CNA013367G	CNA20161302.1	桂农科育2号	苦瓜	广西壮族自治区农业科学院蔬菜研究所	2019/7/22
CNA013368G	CNA20172865.7	田美31号	苦瓜	福建金品农业科技股份有限公司	2019/7/22
CNA013369G	CNA20172866.6	田美20号	苦瓜	福建金品农业科技股份有限公司	2019/7/22
CNA013370G	CNA20172867.5	田美5号	苦瓜	福建金品农业科技股份有限公司	2019/7/22
CNA013371G	CNA20172868.4	田美9号	苦瓜	福建金品农业科技股份有限公司	2019/7/22
CNA013372G	CNA20172869.3	奇胜105	苦瓜	福建金品农业科技股份有限公司	2019/7/22
CNA013373G	CNA20172870.0	奇胜122	苦瓜	福建金品农业科技股份有限公司	2019/7/22
CNA013374G	CNA20172871.9	奇胜201	苦瓜	福建金品农业科技股份有限公司	2019/7/22
CNA013375G	CNA20172872.8	奇胜202	苦瓜	福建金品农业科技股份有限公司	2019/7/22
CNA013376G	CNA20172873.7	奇胜302	苦瓜	福建金品农业科技股份有限公司	2019/7/22
CNA013377G	CNA20172874.6	奇胜308	苦瓜	福建金品农业科技股份有限公司	2019/7/22
CNA013378G	CNA20172875.5	奇胜315	苦瓜	福建金品农业科技股份有限公司	2019/7/22
CNA013379G	CNA20172876.4	奇胜321	苦瓜	福建金品农业科技股份有限公司	2019/7/22
CNA013380G	CNA20172877.3	奇胜419	苦瓜	福建金品农业科技股份有限公司	2019/7/22
CNA013381G	CNA20151712.6	京葫10	西葫芦	北京市农林科学院；北京京研益农科技发展中心；京研益农（北京）种业科技有限公司	2019/7/22
CNA013382G	CNA20151713.5	京葫42	西葫芦	北京市农林科学院；北京京研益农科技发展中心；京研益农（北京）种业科技有限公司	2019/7/22
CNA013383G	CNA20151714.4	翠葫22	西葫芦	北京市农林科学院；北京京研益农科技发展中心；京研益农（北京）种业科技有限公司	2019/7/22
CNA013384G	CNA20161088.1	丹红一号	西葫芦	赵丽萍	2019/7/22
CNA013385G	CNA20161304.9	迁葫1号	西葫芦	江苏省农业科学院宿迁农科所	2019/7/22
CNA013386G	CNA20151969.6	甬雪4号	芥菜	宁波市农业科学研究院	2019/7/22

（续）

公告号	品种权号	品种名称	植物属种	品种权人	授权日
CNA013387G	CNA20150446.1	金玉玲珑无籽1号	普通西瓜	中国农业科学院郑州果树研究所；潍坊创科种苗有限公司	2019/7/22
CNA013388G	CNA20150810.9	早春翠玉	普通西瓜	中国农业科学院郑州果树研究所	2019/7/22
CNA013389G	CNA20152017.6	婉悦一号	普通西瓜	北京华耐农业发展有限公司	2019/7/22
CNA013390G	CNA20160029.5	RX1	普通西瓜	北京华耐农业发展有限公司	2019/7/22
CNA013391G	CNA20160031.1	羞月6号	普通西瓜	北京华耐农业发展有限公司	2019/7/22
CNA013392G	CNA20160369.3	众天6211	普通西瓜	中国农业科学院郑州果树研究所；潍坊创科种苗有限公司	2019/7/22
CNA013393G	CNA20160771.5	金宝	普通西瓜	绿亨科技股份有限公司	2019/7/22
CNA013394G	CNA20160773.3	夏橙	普通西瓜	绿亨科技股份有限公司	2019/7/22
CNA013395G	CNA20161087.2	龙盛8号	普通西瓜	黑龙江省农业科学院园艺分院	2019/7/22
CNA013396G	CNA20151625.2	风味4号	甜瓜	新疆农业科学院哈密瓜研究中心	2019/7/22
CNA013397G	CNA20151626.1	风味5号	甜瓜	新疆农业科学院哈密瓜研究中心	2019/7/22
CNA013398G	CNA20151690.2	众云20	甜瓜	河南省农业科学院园艺研究所	2019/7/22
CNA013399G	CNA20151691.1	瑞雪8号	甜瓜	河南省农业科学院园艺研究所	2019/7/22
CNA013400G	CNA20160967.9	青酥	甜瓜	合肥丰乐种业股份有限公司	2019/7/22
CNA013401G	CNA20160968.8	甜香玉	甜瓜	合肥丰乐种业股份有限公司	2019/7/22
CNA013402G	CNA20160969.7	墨香玉	甜瓜	合肥丰乐种业股份有限公司	2019/7/22
CNA013403G	CNA20161138.1	江淮蜜7号	甜瓜	安徽江淮园艺种业股份有限公司	2019/7/22
CNA013404G	CNA20141565.5	天农524	蝴蝶兰属	天农兰园有限公司	2019/7/22
CNA013405G	CNA20150301.5	JB2600	蝴蝶兰属	漳州钜宝生物科技有限公司；黄瑞宝	2019/7/22
CNA013406G	CNA20150303.3	JB2609	蝴蝶兰属	漳州钜宝生物科技有限公司；黄瑞宝	2019/7/22
CNA013407G	CNA20150939.5	缤纷祥云	蝴蝶兰属	中山缤纷园艺有限公司	2019/7/22
CNA013408G	CNA20150941.1	缤纷雪玉	蝴蝶兰属	中山缤纷园艺有限公司	2019/7/22
CNA013409G	CNA20150942.0	缤纷紫霞	蝴蝶兰属	中山缤纷园艺有限公司	2019/7/22
CNA013410G	CNA20150944.8	缤纷彩蝶	蝴蝶兰属	中山缤纷园艺有限公司	2019/7/22
CNA013411G	CNA20161357.5	缤纷金猫	蝴蝶兰属	中山缤纷园艺有限公司	2019/7/22
CNA013412G	CNA20161522.5	烛红	蝴蝶兰属	广东省农业科学院环境园艺研究所	2019/7/22
CNA013413G	CNA20170352.1	钜宝红天使	蝴蝶兰属	漳州钜宝生物科技有限公司；黄瑞宝	2019/7/22
CNA013414G	CNA20170353.0	JB3629	蝴蝶兰属	漳州钜宝生物科技有限公司；黄瑞宝	2019/7/22
CNA013415G	CNA20170651.9	牛记红鞋	蝴蝶兰属	牛记兰花科技股份有限公司	2019/7/22

（续）

公告号	品种权号	品种名称	植物属种	品种权人	授权日
CNA013416G	CNA20170655.5	JB3819	蝴蝶兰属	漳州钜宝生物科技有限公司；黄瑞宝	2019/7/22
CNA013417G	CNA20172393.8	金如意	蝴蝶兰属	广东省农业科学院环境园艺研究所	2019/7/22
CNA013418G	CNA20172394.7	吉祥	蝴蝶兰属	广东省农业科学院环境园艺研究所	2019/7/22
CNA013419G	CNA20172395.6	红荷	蝴蝶兰属	广东省农业科学院环境园艺研究所	2019/7/22
CNA013420G	CNA20172396.5	小桃	蝴蝶兰属	广东省农业科学院环境园艺研究所	2019/7/22
CNA013421G	CNA20172504.4	缤纷小灯笼	蝴蝶兰属	中山缤纷园艺有限公司	2019/7/22
CNA013422G	CNA20172505.3	缤纷小黑莓	蝴蝶兰属	中山缤纷园艺有限公司	2019/7/22
CNA013423G	CNA20172506.2	缤纷小红莓	蝴蝶兰属	中山缤纷园艺有限公司	2019/7/22
CNA013424G	CNA20172507.1	缤纷小鲤鱼	蝴蝶兰属	中山缤纷园艺有限公司	2019/7/22
CNA013425G	CNA20172508.0	缤纷小米兰	蝴蝶兰属	中山缤纷园艺有限公司	2019/7/22
CNA013426G	CNA20172509.9	缤纷小喜鹊	蝴蝶兰属	中山缤纷园艺有限公司	2019/7/22
CNA013427G	CNA20172511.5	缤纷珍妮	蝴蝶兰属	中山缤纷园艺有限公司	2019/7/22
CNA013428G	CNA20172514.2	缤纷玲玲	蝴蝶兰属	中山缤纷园艺有限公司	2019/7/22
CNA013429G	CNA20172515.1	缤纷欢乐豆	蝴蝶兰属	中山缤纷园艺有限公司	2019/7/22
CNA013430G	CNA20172516.0	缤纷红霞	蝴蝶兰属	中山缤纷园艺有限公司	2019/7/22
CNA013431G	CNA20172519.7	缤纷福娃	蝴蝶兰属	中山缤纷园艺有限公司	2019/7/22
CNA013432G	CNA20172522.2	缤纷艾美	蝴蝶兰属	中山缤纷园艺有限公司	2019/7/22
CNA013433G	CNA20183638.0	玲珑	蝴蝶兰属	广西壮族自治区农业科学院花卉研究所	2019/7/22
CNA013434G	CNA20170202.3	大丽贝蕾斯粉	菊属	荷兰德丽品种权公司	2019/7/22
CNA013435G	CNA20170203.2	大丽橙丹特	菊属	荷兰德丽品种权公司	2019/7/22
CNA013436G	CNA20170205.0	大丽绿乒乓	菊属	荷兰德丽品种权公司	2019/7/22
CNA013437G	CNA20170206.9	大丽马蒂斯	菊属	荷兰德丽品种权公司	2019/7/22
CNA013438G	CNA20170208.7	大丽贝尔德	菊属	荷兰德丽品种权公司	2019/7/22
CNA013439G	CNA20172070.8	菲克昂诺	菊属	荷兰多盟集团公司	2019/7/22
CNA013440G	CNA20172071.7	菲克凯迪	菊属	荷兰多盟集团公司	2019/7/22
CNA013441G	CNA20172979.0	醉金秋	菊属	东北林业大学	2019/7/22
CNA013442G	CNA20172987.0	珍粉	菊属	东北林业大学	2019/7/22
CNA013443G	CNA20180979.3	伏看丹霞	菊属	北京林业大学	2019/7/22
CNA013444G	CNA20180980.0	伏看晚霞	菊属	北京林业大学	2019/7/22
CNA013445G	CNA20180981.9	伏看繁星	菊属	北京林业大学	2019/7/22
CNA013446G	CNA20180982.8	伏看晴雪	菊属	北京林业大学	2019/7/22

（续）

公告号	品种权号	品种名称	植物属种	品种权人	授权日
CNA013447G	CNA20180983.7	伏看朱颜	菊属	北京林业大学	2019/7/22
CNA013448G	CNA20181097.8	绚秋翎红	菊属	北京市花木有限公司	2019/7/22
CNA013449G	CNA20181100.3	绚秋秀羽	菊属	北京天卉源绿色科技研究院有限公司	2019/7/22
CNA013450G	CNA20181101.2	绚秋新秀	菊属	北京市花木有限公司	2019/7/22
CNA013451G	CNA20181102.1	白露紫胭	菊属	北京市花木有限公司	2019/7/22
CNA013452G	CNA20181340.3	东篱雅韵	菊属	北京林业大学	2019/7/22
CNA013453G	CNA20181341.2	东篱知秋	菊属	北京林业大学	2019/7/22
CNA013454G	CNA20181342.1	东篱雅致	菊属	北京林业大学	2019/7/22
CNA013455G	CNA20181343.0	东篱金辉	菊属	北京林业大学	2019/7/22
CNA013456G	CNA20181344.9	东篱紫蛟	菊属	北京林业大学	2019/7/22
CNA013457G	CNA20181437.7	燕华宫粉	菊属	中国农业科学院蔬菜花卉研究所	2019/7/22
CNA013458G	CNA20181439.5	燕华飞火轮	菊属	中国农业科学院蔬菜花卉研究所	2019/7/22
CNA013459G	CNA20181440.2	燕华晴雪	菊属	中国农业科学院蔬菜花卉研究所	2019/7/22
CNA013460G	CNA20181441.1	燕华点褐	菊属	中国农业科学院蔬菜花卉研究所	2019/7/22
CNA013461G	CNA20181442.0	燕华绿玉蕊	菊属	中国农业科学院蔬菜花卉研究所	2019/7/22
CNA013462G	CNA20181669.6	东篱黄金	菊属	北京林业大学	2019/7/22
CNA013463G	CNA20181670.3	东篱小太阳	菊属	北京林业大学	2019/7/22
CNA013464G	CNA20181671.2	枫林黄星	菊属	北京林业大学	2019/7/22
CNA013465G	CNA20180156.8	福红	苹果属	山东农业大学	2019/7/22
CNA013466G	CNA20140110.7	德瑞斯十九号	草莓	德瑞斯克草莓公司	2019/7/22
CNA013467G	CNA20141060.5	德瑞斯二十	草莓	德瑞斯克公司	2019/7/22
CNA013468G	CNA20150527.3	申阳	草莓	上海市农业科学院	2019/7/22
CNA013469G	CNA20150593.2	德瑞斯三十一	草莓	德瑞斯克公司	2019/7/22
CNA013470G	CNA20151370.9	德瑞斯三十六	草莓	德瑞斯克公司	2019/7/22
CNA013471G	CNA20151470.8	德瑞斯四十二	草莓	德瑞斯克公司	2019/7/22
CNA013472G	CNA20151723.3	容莓3号	草莓	江苏丘陵地区镇江农业科学研究所	2019/7/22
CNA013473G	CNA20170281.7	荆楚香柚1号	柑橘属	荆州市荆橘农庄有限公司	2019/7/22
CNA013474G	CNA20181452.7	黄绣球	柑橘属	浙江师范大学；金华市金代园艺有限公司	2019/7/22
CNA013475G	CNA20160859.0	学苑红	葡萄属	中国农业大学	2019/7/22

（续）

公告号	品种权号	品种名称	植物属种	品种权人	授权日
CNA013476G	CNA20160686.9	关尔一号	向日葵	北京关尔科技发展有限公司	2019/7/22
CNA013477G	CNA20181532.1	谷丰70	向日葵	内蒙古谷丰农业科技有限公司	2019/7/22
CNA013478G	CNA20160864.3	盘龙202	南瓜	安徽江淮园艺种业股份有限公司	2019/7/22
CNA013479G	CNA20160865.2	成功101	南瓜	安徽江淮园艺种业股份有限公司	2019/7/22
CNA013480G	CNA20160866.1	江蜜2号	南瓜	安徽江淮园艺种业股份有限公司	2019/7/22
CNA013481G	CNA20160951.7	君豪蜜本	南瓜	安徽君豪种业有限公司	2019/7/22
CNA013482G	CNA20160952.6	君豪早优蜜本	南瓜	安徽君豪种业有限公司	2019/7/22
CNA013483G	CNA20161167.5	荃银吉祥	南瓜	安徽荃银高科瓜菜种子有限公司	2019/7/22
CNA013484G	CNA20121065.2	珞扬69	水稻	武汉大学	2019/12/19
CNA013485G	CNA20141136.5	嘉糯恢9号	水稻	福建农林大学	2019/12/19
CNA013486G	CNA20141218.6	隆两优0293	水稻	湖南隆平种业有限公司	2019/12/19
CNA013487G	CNA20141285.4	恒丰优7166	水稻	广东粤良种业有限公司	2019/12/19
CNA013488G	CNA20141286.3	恒丰优777	水稻	广东粤良种业有限公司	2019/12/19
CNA013489G	CNA20141382.6	T77S	水稻	安徽依多丰农业科技有限公司	2019/12/19
CNA013490G	CNA20141480.7	津稻372	水稻	天津市农作物研究所	2019/12/19
CNA013491G	CNA20141571.7	光5	水稻	江汉大学；李小青	2019/12/19
CNA013492G	CNA20141573.5	复改11	水稻	江汉大学；李小青	2019/12/19
CNA013493G	CNA20141575.3	复金1B	水稻	江汉大学；李小青	2019/12/19
CNA013494G	CNA20141576.2	光28	水稻	江汉大学；李小青	2019/12/19
CNA013495G	CNA20141579.9	光金1B	水稻	江汉大学；李小青	2019/12/19
CNA013496G	CNA20141580.6	光改11	水稻	江汉大学；李小青	2019/12/19
CNA013497G	CNA20150004.5	济稻1号	水稻	山东省农业科学院生物技术研究中心	2019/12/19
CNA013498G	CNA20150046.5	瀚香A	水稻	广西瀚林农业科技有限公司	2019/12/19
CNA013499G	CNA20150050.8	申粳1221	水稻	上海市农业科学院	2019/12/19
CNA013500G	CNA20150141.9	鲁资稻5号	水稻	山东省农作物种质资源中心	2019/12/19
CNA013501G	CNA20150142.8	鲁资稻6号	水稻	山东省农作物种质资源中心	2019/12/19
CNA013502G	CNA20150259.7	C125	水稻	天津天隆科技股份有限公司	2019/12/19
CNA013503G	CNA20150340.8	粤恢426	水稻	广东粤良种业有限公司	2019/12/19
CNA013504G	CNA20150342.6	恒丰优778	水稻	广东粤良种业有限公司	2019/12/19
CNA013505G	CNA20150343.5	粤恢778	水稻	广东粤良种业有限公司	2019/12/19
CNA013506G	CNA20150345.3	恒丰优3512	水稻	广东粤良种业有限公司	2019/12/19

（续）

公告号	品种权号	品种名称	植物属种	品种权人	授权日
CNA013507G	CNA20150598.7	中种Z0017	水稻	中国种子集团有限公司	2019/12/19
CNA013508G	CNA20150637.0	川358B	水稻	四川省农业科学院作物研究所	2019/12/19
CNA013509G	CNA20150818.1	中种恢157	水稻	中国种子集团有限公司	2019/12/19
CNA013510G	CNA20150880.4	旌3A	水稻	四川省农业科学院水稻高粱研究所	2019/12/19
CNA013511G	CNA20150959.0	洁田稻001	水稻	深圳兴旺生物种业有限公司；深圳洁田模式生物科技有限公司	2019/12/19
CNA013512G	CNA20151068.6	渝650A	水稻	重庆市农业科学院	2019/12/19
CNA013513G	CNA20151234.5	天隆粳6号	水稻	天津天隆科技股份有限公司	2019/12/19
CNA013514G	CNA20151352.1	湘恢8号	水稻	长沙奥林生物科技有限公司	2019/12/19
CNA013515G	CNA20151358.5	R9194	水稻	长沙奥林生物科技有限公司	2019/12/19
CNA013516G	CNA20151459.3	中益1958	水稻	湖南中益仁种业股份有限公司；邓志福	2019/12/19
CNA013517G	CNA20151467.3	广龙占	水稻	广东省农业科学院水稻研究所	2019/12/19
CNA013518G	CNA20151576.1	泰恢166	水稻	江苏红旗种业股份有限公司	2019/12/19
CNA013519G	CNA20151577.0	泰恢206	水稻	江苏红旗种业股份有限公司	2019/12/19
CNA013520G	CNA20151579.8	泰恢187	水稻	四川泰隆农业科技有限公司	2019/12/19
CNA013521G	CNA20151580.5	泰恢46	水稻	四川泰隆农业科技有限公司	2019/12/19
CNA013522G	CNA20151679.7	申两优3517	水稻	上海天谷生物科技股份有限公司	2019/12/19
CNA013523G	CNA20151703.7	京香粳1号	水稻	中国农业科学院作物科学研究所；中国农业科学院深圳生物育种创新研究院	2019/12/19
CNA013524G	CNA20151704.6	XD992	水稻	中国农业科学院作物科学研究所；中国农业科学院深圳生物育种创新研究院	2019/12/19
CNA013525G	CNA20151710.8	桂恢089	水稻	广西壮族自治区农业科学院水稻研究所	2019/12/19
CNA013526G	CNA20151711.7	桂育8号	水稻	广西壮族自治区农业科学院水稻研究所	2019/12/19
CNA013527G	CNA20151728.8	粤花占1号	水稻	广东省农业科学院水稻研究所	2019/12/19
CNA013528G	CNA20151763.4	全1S	水稻	湖北荃银高科种业有限公司	2019/12/19
CNA013529G	CNA20151770.5	中种芯8B	水稻	中国种子集团有限公司	2019/12/19
CNA013530G	CNA20151771.4	广YS	水稻	中国种子集团有限公司	2019/12/19
CNA013531G	CNA20151792.9	广恢618	水稻	广东省农业科学院水稻研究所；中国种子集团有限公司	2019/12/19
CNA013532G	CNA20151848.3	粤王丝苗	水稻	广东省农业科学院水稻研究所	2019/12/19
CNA013533G	CNA20151856.2	广恢305	水稻	广东省农业科学院水稻研究所	2019/12/19

（续）

公告号	品种权号	品种名称	植物属种	品种权人	授权日
CNA013534G	CNA20151857.1	岳优3700	水稻	湖南桃花源农业科技股份有限公司	2019/12/19
CNA013535G	CNA20151858.0	桃湘A	水稻	湖南桃花源农业科技股份有限公司	2019/12/19
CNA013536G	CNA20151891.9	信3122Awx	水稻	信阳市农业科学院	2019/12/19
CNA013537G	CNA20151898.2	百绿优籼01	水稻	深圳市百绿生物科技有限公司；朱培坤	2019/12/19
CNA013538G	CNA20151904.4	R9038	水稻	广西瀚林农业科技有限公司	2019/12/19
CNA013539G	CNA20151909.9	嘉陵1A	水稻	南充市农业科学院	2019/12/19
CNA013540G	CNA20151910.6	南恢968	水稻	南充市农业科学院	2019/12/19
CNA013541G	CNA20151924.0	恒丰优丝苗	水稻	北京金色农华种业科技股份有限公司	2019/12/19
CNA013542G	CNA20151930.2	桃农优粤农丝苗	水稻	北京金色农华种业科技股份有限公司	2019/12/19
CNA013543G	CNA20151952.5	沈农9903	水稻	吉林省农业科学院	2019/12/19
CNA013544G	CNA20151953.4	吉粳302	水稻	吉林省农业科学院	2019/12/19
CNA013545G	CNA20151961.4	全3S	水稻	湖北荃银高科种业有限公司	2019/12/19
CNA013546G	CNA20152010.3	南晶占	水稻	广东省农业科学院水稻研究所	2019/12/19
CNA013547G	CNA20152025.6	糯1优687	水稻	湖南隆平种业有限公司	2019/12/19
CNA013548G	CNA20152030.9	隆两优黄莉占	水稻	湖南隆平种业有限公司	2019/12/19
CNA013549G	CNA20152032.7	深两优1813	水稻	湖南隆平种业有限公司	2019/12/19
CNA013550G	CNA20160024.0	黄丝莉占	水稻	广东省农业科学院水稻研究所	2019/12/19
CNA013551G	CNA20160036.6	M32S	水稻	湖北中香农业科技股份有限公司	2019/12/19
CNA013552G	CNA20160037.5	M2607A	水稻	湖北中香农业科技股份有限公司	2019/12/19
CNA013553G	CNA20160044.6	早籼616	水稻	马鞍山神农种业有限责任公司	2019/12/19
CNA013554G	CNA20160045.5	早籼618	水稻	马鞍山神农种业有限责任公司	2019/12/19
CNA013555G	CNA20160063.2	泰红1A	水稻	江苏红旗种业股份有限公司	2019/12/19
CNA013556G	CNA20160065.0	泰红3A	水稻	江苏红旗种业股份有限公司	2019/12/19
CNA013557G	CNA20160067.8	泰红166A	水稻	江苏红旗种业股份有限公司	2019/12/19
CNA013558G	CNA20160100.7	哈135002	水稻	黑龙江省农业科学院耕作栽培研究所	2019/12/19
CNA013559G	CNA20160112.3	隆粳66	水稻	天津天隆科技股份有限公司	2019/12/19
CNA013560G	CNA20160115.0	福恢2075	水稻	福建省农业科学院水稻研究所	2019/12/19
CNA013561G	CNA20160148.1	深华优4号	水稻	深圳华大农业与循环经济科技有限公司	2019/12/19
CNA013562G	CNA20160153.3	宁香优2号	水稻	江苏省农业科学院	2019/12/19

（续）

公告号	品种权号	品种名称	植物属种	品种权人	授权日
CNA013563G	CNA20160157.9	旭98S	水稻	益阳市农业科学研究所	2019/12/19
CNA013564G	CNA20160174.8	双亚黑一号	水稻	陕西双亚有机农业集团有限公司	2019/12/19
CNA013565G	CNA20160175.7	双亚红香1号	水稻	陕西双亚有机农业集团有限公司	2019/12/19
CNA013566G	CNA20160209.7	绵香1S	水稻	绵阳市农业科学研究院	2019/12/19
CNA013567G	CNA20160216.8	西大优216	水稻	西南大学	2019/12/19
CNA013568G	CNA20160220.2	荣优233	水稻	湖南金稻种业有限公司	2019/12/19
CNA013569G	CNA20160223.9	益早052	水稻	益阳市农业科学研究所	2019/12/19
CNA013570G	CNA20160227.5	中种恢587	水稻	中国种子集团有限公司；湖南农业大学	2019/12/19
CNA013571G	CNA20160250.5	KX4024	水稻	安徽省农业科学院水稻研究所	2019/12/19
CNA013572G	CNA20160252.3	KX4012	水稻	安徽省农业科学院水稻研究所	2019/12/19
CNA013573G	CNA20160253.2	KX4085	水稻	安徽省农业科学院水稻研究所	2019/12/19
CNA013574G	CNA20160254.1	KX4086	水稻	安徽省农业科学院水稻研究所	2019/12/19
CNA013575G	CNA20160255.0	KX4137	水稻	安徽省农业科学院水稻研究所	2019/12/19
CNA013576G	CNA20160292.5	盐粳16号	水稻	盐城市盐都区农业科学研究所	2019/12/19
CNA013577G	CNA20160336.3	PWR8970	水稻	安徽省农业科学院水稻研究所	2019/12/19
CNA013578G	CNA20160337.2	PWR8977	水稻	安徽省农业科学院水稻研究所	2019/12/19
CNA013579G	CNA20160341.6	PZR9996	水稻	安徽省农业科学院水稻研究所	2019/12/19
CNA013580G	CNA20160353.1	甬优4149	水稻	宁波市种子有限公司	2019/12/19
CNA013581G	CNA20160354.0	鄂粳403	水稻	湖北省农业科学院粮食作物研究所	2019/12/19
CNA013582G	CNA20160376.4	中粳糯588	水稻	安徽华安种业有限责任公司	2019/12/19
CNA013583G	CNA20160377.3	粳糯795	水稻	安徽华安种业有限责任公司	2019/12/19
CNA013584G	CNA20160448.8	龙稻28	水稻	黑龙江省农业科学院耕作栽培研究所	2019/12/19
CNA013585G	CNA20160503.0	晶两优3206	水稻	湖南隆平种业有限公司	2019/12/19
CNA013586G	CNA20160504.9	隆两优987	水稻	湖南隆平种业有限公司	2019/12/19
CNA013587G	CNA20160506.7	梦两优534	水稻	湖南隆平种业有限公司	2019/12/19
CNA013588G	CNA20160507.6	梦两优华占	水稻	湖南隆平种业有限公司	2019/12/19
CNA013589G	CNA20160508.5	梦两优黄莉占	水稻	湖南隆平种业有限公司	2019/12/19
CNA013590G	CNA20160518.3	R1581	水稻	湖南年丰种业科技有限公司	2019/12/19
CNA013591G	CNA20160558.4	永丰12391	水稻	合肥市永乐水稻研究所	2019/12/19
CNA013592G	CNA20160559.3	永旱二号	水稻	合肥市永乐水稻研究所	2019/12/19

（续）

公告号	品种权号	品种名称	植物属种	品种权人	授权日
CNA013593G	CNA20160572.6	中恢61	水稻	中国水稻研究所；浙江农科种业有限公司	2019/12/19
CNA013594G	CNA20160610.0	锦315A	水稻	云南金瑞种业有限公司	2019/12/19
CNA013595G	CNA20160611.9	锦319A	水稻	云南金瑞种业有限公司	2019/12/19
CNA013596G	CNA20160638.8	雅恢2117	水稻	四川农业大学	2019/12/19
CNA013597G	CNA20160639.7	雅恢2118	水稻	四川农业大学	2019/12/19
CNA013598G	CNA20160642.2	雅恢2918	水稻	四川农业大学	2019/12/19
CNA013599G	CNA20160658.3	天龙1号	水稻	湖南省天龙米业有限公司	2019/12/19
CNA013600G	CNA20160664.5	G098	水稻	广东省良种引进服务公司	2019/12/19
CNA013601G	CNA20160666.3	金禾5号	水稻	黑龙江省巨基农业科技开发有限公司	2019/12/19
CNA013602G	CNA20160668.1	兆A	水稻	深圳市兆农农业科技有限公司	2019/12/19
CNA013603G	CNA20160669.0	兆优5431	水稻	深圳市兆农农业科技有限公司	2019/12/19
CNA013604G	CNA20160670.7	兆优5455	水稻	深圳市兆农农业科技有限公司	2019/12/19
CNA013605G	CNA20160681.4	全紫稻	水稻	湖南五彩农业科技发展有限公司	2019/12/19
CNA013606G	CNA20160703.8	皖垦粳2号	水稻	安徽皖垦种业股份有限公司	2019/12/19
CNA013607G	CNA20160704.7	皖垦粳3号	水稻	安徽皖垦种业股份有限公司	2019/12/19
CNA013608G	CNA20160734.1	申繁24	水稻	上海市农业科学院	2019/12/19
CNA013609G	CNA20160735.0	申优24	水稻	上海市农业科学院	2019/12/19
CNA013610G	CNA20160750.0	金玉A	水稻	广西五泰种子有限公司	2019/12/19
CNA013611G	CNA20160763.5	内7优39	水稻	内江杂交水稻科技开发中心	2019/12/19
CNA013612G	CNA20160860.7	皖垦糯1116	水稻	安徽皖垦种业股份有限公司	2019/12/19
CNA013613G	CNA20160881.2	寻稻01	水稻	寻培之	2019/12/19
CNA013614G	CNA20161004.2	中科发5号	水稻	中国科学院遗传与发育生物学研究所	2019/12/19
CNA013615G	CNA20161005.1	中科804	水稻	中国科学院遗传与发育生物学研究所	2019/12/19
CNA013616G	CNA20161017.7	冈优558	水稻	南充市农业科学院；四川省蜀玉科技农业发展有限公司	2019/12/19
CNA013617G	CNA20161049.9	品黑一号	水稻	安徽省农业科学院水稻研究所	2019/12/19
CNA013618G	CNA20161057.8	松香软粳	水稻	上海师范大学；上海松江种子有限公司	2019/12/19
CNA013619G	CNA20161099.8	隆晶优2号	水稻	湖南亚华种业科学研究院	2019/12/19
CNA013620G	CNA20161141.6	宁大12596	水稻	宁夏大学	2019/12/19
CNA013621G	CNA20161173.7	华航36号	水稻	华南农业大学	2019/12/19

（续）

公告号	品种权号	品种名称	植物属种	品种权人	授权日
CNA013622G	CNA20161174.6	华航37号	水稻	华南农业大学	2019/12/19
CNA013623G	CNA20161175.5	航恢1198	水稻	华南农业大学	2019/12/19
CNA013624G	CNA20161182.6	中种芯4R	水稻	中国种子集团有限公司	2019/12/19
CNA013625G	CNA20161184.4	中种芯10B	水稻	中国种子集团有限公司	2019/12/19
CNA013626G	CNA20161185.3	中种芯11B	水稻	中国种子集团有限公司	2019/12/19
CNA013627G	CNA20161203.1	中种芯9B	水稻	中国种子集团有限公司	2019/12/19
CNA013628G	CNA20161241.5	望恢013	水稻	湖南希望种业科技股份有限公司	2019/12/19
CNA013629G	CNA20161245.1	望恢091	水稻	湖南希望种业科技股份有限公司	2019/12/19
CNA013630G	CNA20161252.1	望恢772	水稻	湖南希望种业科技股份有限公司	2019/12/19
CNA013631G	CNA20161253.0	望恢780	水稻	湖南希望种业科技股份有限公司	2019/12/19
CNA013632G	CNA20161254.9	望恢781	水稻	湖南希望种业科技股份有限公司	2019/12/19
CNA013633G	CNA20161259.4	卓201S	水稻	湖南希望种业科技股份有限公司	2019/12/19
CNA013634G	CNA20161299.6	葛68A	水稻	湖南正隆农业科技有限公司	2019/12/19
CNA013635G	CNA20161369.1	白金1252	水稻	广西白金种子股份有限公司	2019/12/19
CNA013636G	CNA20161388.8	焦粳162	水稻	江苏焦点农业科技有限公司	2019/12/19
CNA013637G	CNA20161389.7	焦粳884	水稻	江苏焦点农业科技有限公司	2019/12/19
CNA013638G	CNA20161390.4	焦龙粳34	水稻	江苏焦点农业科技有限公司	2019/12/19
CNA013639G	CNA20161407.5	NR213	水稻	江苏农科种业研究院有限公司	2019/12/19
CNA013640G	CNA20161408.4	NR218	水稻	江苏农科种业研究院有限公司	2019/12/19
CNA013641G	CNA20161442.2	胜A	水稻	广州市金粤生物科技有限公司	2019/12/19
CNA013642G	CNA20161491.2	金青占	水稻	广州市金粤生物科技有限公司	2019/12/19
CNA013643G	CNA20161524.3	深两优8386	水稻	广西兆和种业有限公司	2019/12/19
CNA013644G	CNA20161525.2	HD1712	水稻	广西兆和种业有限公司	2019/12/19
CNA013645G	CNA20161526.1	H两优9219	水稻	广西兆和种业有限公司	2019/12/19
CNA013646G	CNA20161528.9	兆两优7213	水稻	广西兆和种业有限公司	2019/12/19
CNA013647G	CNA20161592.0	正香优217	水稻	安徽丰大种业股份有限公司	2019/12/19
CNA013648G	CNA20161630.4	桂育糯188	水稻	广西壮族自治区农业科学院水稻研究所	2019/12/19
CNA013649G	CNA20161637.7	徐稻9号	水稻	江苏徐淮地区徐州农业科学研究所	2019/12/19
CNA013650G	CNA20161662.5	宣粳糯1号	水稻	宣城市种植业局	2019/12/19
CNA013651G	CNA20161663.4	宣粳2号	水稻	宣城市种植业局	2019/12/19
CNA013652G	CNA20161670.5	泰优98	水稻	江西现代种业股份有限公司	2019/12/19
CNA013653G	CNA20161731.2	绥稻5号	水稻	绥化市盛昌种子繁育有限责任公司	2019/12/19

（续）

公告号	品种权号	品种名称	植物属种	品种权人	授权日
CNA013654G	CNA20161763.3	永丰4024	水稻	合肥市永乐水稻研究所	2019/12/19
CNA013655G	CNA20161764.2	玉优12号	水稻	安徽宝盈玉米稻科技产业有限公司；安徽省农业科学院水稻研究所	2019/12/19
CNA013656G	CNA20161765.1	永旱3号	水稻	合肥市永乐水稻研究所	2019/12/19
CNA013657G	CNA20161768.8	荆两优233	水稻	湖北荆楚种业股份有限公司；长江大学	2019/12/19
CNA013658G	CNA20161879.4	通育269	水稻	通化市农业科学研究院	2019/12/19
CNA013659G	CNA20161902.5	早籼108	水稻	安徽省农业科学院水稻研究所	2019/12/19
CNA013660G	CNA20161903.4	早籼110	水稻	安徽省农业科学院水稻研究所	2019/12/19
CNA013661G	CNA20161904.3	株两优899	水稻	安徽省农业科学院水稻研究所	2019/12/19
CNA013662G	CNA20161937.4	27占	水稻	贵州筑农科种业有限责任公司	2019/12/19
CNA013663G	CNA20161986.4	绿旱粳1号	水稻	安徽省农业科学院水稻研究所；蚌埠海上明珠农业科技发展有限公司	2019/12/19
CNA013664G	CNA20161987.3	化感2205	水稻	芜湖市星火农业实用技术研究所	2019/12/19
CNA013665G	CNA20162001.3	弘A	水稻	广东天弘种业有限公司	2019/12/19
CNA013666G	CNA20162002.2	弘恢3089	水稻	广东天弘种业有限公司	2019/12/19
CNA013667G	CNA20162004.0	弋粳149	水稻	芜湖青弋江种业有限公司	2019/12/19
CNA013668G	CNA20162005.9	弋粳3号	水稻	芜湖青弋江种业有限公司	2019/12/19
CNA013669G	CNA20162007.7	早籼402	水稻	芜湖青弋江种业有限公司；安徽省农业科学院水稻研究所	2019/12/19
CNA013670G	CNA20162019.3	中种10A	水稻	中国种子集团有限公司	2019/12/19
CNA013671G	CNA20162033.5	宏稻58	水稻	河南师范大学；河南菡香生态农业专业合作社	2019/12/19
CNA013672G	CNA20162042.4	千乡411A	水稻	四川省内江市农业科学院	2019/12/19
CNA013673G	CNA20162243.1	粤标5号	水稻	广东省农业科学院水稻研究所	2019/12/19
CNA013674G	CNA20162266.3	中种芯6R	水稻	中国种子集团有限公司	2019/12/19
CNA013675G	CNA20162267.2	新质1A	水稻	中国种子集团有限公司	2019/12/19
CNA013676G	CNA20162330.5	沪早香软1号	水稻	上海市农业科学院	2019/12/19
CNA013677G	CNA20170240.7	龙粳1437	水稻	黑龙江省农业科学院佳木斯水稻研究所；佳木斯龙粳种业有限公司	2019/12/19
CNA013678G	CNA20173487.3	T两优164	水稻	福建六三种业有限责任公司；福建旺福农业发展有限公司；三明市农业科学研究院	2019/12/19
CNA013679G	CNA20180958.8	莲育625	水稻	黑龙江省莲江口种子有限公司	2019/12/19
CNA013680G	CNA20181142.3	大两优968	水稻	安徽丰大种业股份有限公司	2019/12/19

（续）

公告号	品种权号	品种名称	植物属种	品种权人	授权日
CNA013681G	CNA20181164.6	川康丝苗	水稻	四川省农业科学院作物研究所；广东省农业科学院水稻研究所	2019/12/19
CNA013682G	CNA20181165.5	川优五山	水稻	四川省农业科学院作物研究所；广东省农业科学院水稻研究所	2019/12/19
CNA013683G	CNA20183664.7	莲汇9	水稻	黑龙江省莲江口种子有限公司	2019/12/19
CNA013684G	CNA20183777.1	康两优911	水稻	湖南袁创超级稻技术有限公司	2019/12/19
CNA013685G	CNA20183824.4	双优451	水稻	四川农业大学；四川天宇种业有限责任公司	2019/12/19
CNA013686G	CNA20184015.1	深两优276	水稻	安徽喜多收种业科技有限公司	2019/12/19
CNA013687G	CNA20184026.8	莲汇10	水稻	黑龙江省莲江口种子有限公司	2019/12/19
CNA013688G	CNA20184403.1	龙盾0913	水稻	黑龙江省莲江口种子有限公司	2019/12/19
CNA013689G	CNA20184548.7	武育粳39号	水稻	江苏（武进）水稻研究所	2019/12/19
CNA013690G	CNA20110293.9	早314S	玉米	新疆农业科学院粮食作物研究所	2019/12/19
CNA013691G	CNA20110294.8	早314L	玉米	新疆农业科学院粮食作物研究所	2019/12/19
CNA013692G	CNA20120616.8	延科288	玉米	延安延丰种业有限公司；赵汉福	2019/12/19
CNA013693G	CNA20140821.7	金诚12	玉米	河南金苑种业股份有限公司；新乡市金苑邦达富农业科技有限公司；长春金苑种业有限公司	2019/12/19
CNA013694G	CNA20141389.9	HSPCS5101	玉米	法国科萨德种业有限公司	2019/12/19
CNA013695G	CNA20141425.5	CS5101	玉米	法国科萨德种业有限公司	2019/12/19
CNA013696G	CNA20141447.9	111B791	玉米	法国科萨德种业有限公司	2019/12/19
CNA013697G	CNA20150210.5	仲玉3号	玉米	南充市农业科学院；仲衍种业股份有限公司；四川省农业科学院作物研究所	2019/12/19
CNA013698G	CNA20150246.3	ZY1320	玉米	河南金苑种业股份有限公司	2019/12/19
CNA013699G	CNA20150251.5	JC1523	玉米	河南金苑种业股份有限公司	2019/12/19
CNA013700G	CNA20150292.6	西蒙208	玉米	内蒙古西蒙种业有限公司	2019/12/19
CNA013701G	CNA20150293.5	西蒙988	玉米	内蒙古西蒙种业有限公司	2019/12/19
CNA013702G	CNA20150661.9	惠玉537	玉米	南充市农业科学院	2019/12/19
CNA013703G	CNA20150833.2	H4243	玉米	丹东宏硕种业科技有限公司	2019/12/19
CNA013704G	CNA20150835.0	HM6	玉米	丹东宏硕种业科技有限公司	2019/12/19
CNA013705G	CNA20150838.7	PH18Y6	玉米	先锋国际良种公司	2019/12/19
CNA013706G	CNA20150923.3	Q1347	玉米	李庆锋	2019/12/19
CNA013707G	CNA20150952.7	J0899	玉米	焦作联丰良种工程技术股份有限公司	2019/12/19
CNA013708G	CNA20150991.0	中禾107	玉米	临泽县禾丰种业有限责任公司；北京世诚中农科技有限公司	2019/12/19

（续）

公告号	品种权号	品种名称	植物属种	品种权人	授权日
CNA013709G	CNA20151077.5	正泰1号	玉米	北京沃尔正泰农业科技有限公司	2019/12/19
CNA013710G	CNA20151078.4	华科3A2000	玉米	北京沃尔正泰农业科技有限公司	2019/12/19
CNA013711G	CNA20151079.3	ZT236	玉米	北京沃尔正泰农业科技有限公司	2019/12/19
CNA013712G	CNA20151081.9	华科425	玉米	北京沃尔正泰农业科技有限公司	2019/12/19
CNA013713G	CNA20151104.2	A4241	玉米	山西大丰种业有限公司	2019/12/19
CNA013714G	CNA20151170.1	利合328	玉米	利马格兰欧洲	2019/12/19
CNA013715G	CNA20151420.9	JS04388	玉米	江苏省农业科学院	2019/12/19
CNA013716G	CNA20151421.8	JS09306	玉米	江苏省农业科学院	2019/12/19
CNA013717G	CNA20151494.0	W1229	玉米	西北农林科技大学	2019/12/19
CNA013718G	CNA20151495.9	农科大8号	玉米	西北农林科技大学；杨凌三秦种业有限公司	2019/12/19
CNA013719G	CNA20151502.0	TL98	玉米	四川同路农业科技有限责任公司	2019/12/19
CNA013720G	CNA20151589.6	G101	玉米	郭永良	2019/12/19
CNA013721G	CNA20151600.1	PH1K3J	玉米	先锋国际良种公司	2019/12/19
CNA013722G	CNA20151601.0	PH1CRW	玉米	先锋国际良种公司	2019/12/19
CNA013723G	CNA20151602.9	PHJEV1	玉米	先锋国际良种公司	2019/12/19
CNA013724G	CNA20151604.7	PHN0H	玉米	先锋国际良种公司	2019/12/19
CNA013725G	CNA20151605.6	K2	玉米	天津市农作物研究所	2019/12/19
CNA013726G	CNA20151631.4	吉东56	玉米	马国儒；马志辉	2019/12/19
CNA013727G	CNA20151633.2	PHF1J	玉米	先锋国际良种公司	2019/12/19
CNA013728G	CNA20151634.1	PH18WY	玉米	先锋国际良种公司	2019/12/19
CNA013729G	CNA20151640.3	全玉1233	玉米	安徽荃银高科种业股份有限公司	2019/12/19
CNA013730G	CNA20151644.9	正泰106	玉米	斯泰种业公司	2019/12/19
CNA013731G	CNA20151683.1	真金206	玉米	内蒙古真金种业科技有限公司	2019/12/19
CNA013732G	CNA20151684.0	真金208	玉米	内蒙古真金种业科技有限公司	2019/12/19
CNA013733G	CNA20151685.9	YD1001	玉米	内蒙古真金种业科技有限公司	2019/12/19
CNA013734G	CNA20151686.8	YD2011H	玉米	内蒙古真金种业科技有限公司	2019/12/19
CNA013735G	CNA20151692.0	SD81	玉米	大连盛世种业有限公司	2019/12/19
CNA013736G	CNA20151693.9	SD445	玉米	大连盛世种业有限公司	2019/12/19
CNA013737G	CNA20151694.8	PHTD5	玉米	先锋国际良种公司	2019/12/19
CNA013738G	CNA20151695.7	PHEHG1	玉米	先锋国际良种公司	2019/12/19
CNA013739G	CNA20151707.3	B8535	玉米	吉林省禾冠种业有限公司	2019/12/19
CNA013740G	CNA20151719.9	恒育1号	玉米	桦甸市秋丰农业科学研究所	2019/12/19

（续）

公告号	品种权号	品种名称	植物属种	品种权人	授权日
CNA013741G	CNA20151720.6	M49	玉米	桦甸市秋丰农业科学研究所	2019/12/19
CNA013742G	CNA20151726.0	晋单72	玉米	洛阳秋丰种业有限公司	2019/12/19
CNA013743G	CNA20151793.8	YSM001	玉米	吉林省盈实农业科技发展有限公司	2019/12/19
CNA013744G	CNA20151801.8	LK334	玉米	内蒙古宏博种业科技有限公司	2019/12/19
CNA013745G	CNA20151802.7	博品1号	玉米	内蒙古宏博种业科技有限公司	2019/12/19
CNA013746G	CNA20151843.8	YSF001	玉米	吉林省盈实农业科技发展有限公司	2019/12/19
CNA013747G	CNA20151847.4	宏强717	玉米	丹东宏硕种业科技有限公司	2019/12/19
CNA013748G	CNA20151863.3	HF1101	玉米	赵耀	2019/12/19
CNA013749G	CNA20151864.2	临单789	玉米	临江市富民种子有限责任公司	2019/12/19
CNA013750G	CNA20151865.1	稷秾32	玉米	吉林省稷秾种业有限公司	2019/12/19
CNA013751G	CNA20151866.0	稷秾66	玉米	吉林省稷秾种业有限公司	2019/12/19
CNA013752G	CNA20151868.8	稷秾105	玉米	吉林省稷秾种业有限公司	2019/12/19
CNA013753G	CNA20151869.7	稷秾1205	玉米	吉林省稷秾种业有限公司	2019/12/19
CNA013754G	CNA20151870.4	A27	玉米	吉林省稷秾种业有限公司	2019/12/19
CNA013755G	CNA20151871.3	富民58	玉米	吉林省富民种业有限公司	2019/12/19
CNA013756G	CNA20151872.2	D60	玉米	吉林省富民种业有限公司	2019/12/19
CNA013757G	CNA20151874.0	M801	玉米	吉林省富民种业有限公司	2019/12/19
CNA013758G	CNA20151875.9	Fm1101	玉米	吉林省富民种业有限公司	2019/12/19
CNA013759G	CNA20151877.7	吉农大15	玉米	吉林农大科茂种业有限责任公司	2019/12/19
CNA013760G	CNA20151878.6	吉农大17	玉米	吉林农大科茂种业有限责任公司	2019/12/19
CNA013761G	CNA20151879.5	吉农大668	玉米	吉林农大科茂种业有限责任公司	2019/12/19
CNA013762G	CNA20151881.1	吉农大988	玉米	吉林农大科茂种业有限责任公司	2019/12/19
CNA013763G	CNA20151899.1	百绿芝玉32	玉米	深圳市百绿生物科技有限公司；朱培坤	2019/12/19
CNA013764G	CNA20151901.7	百绿珍珠50	玉米	深圳市百绿生物科技有限公司；朱培坤	2019/12/19
CNA013765G	CNA20151905.3	ZHF141	玉米	南宁市正昊农业科学研究院；广西青青农业科技有限公司	2019/12/19
CNA013766G	CNA20151911.5	苏玉40	玉米	江苏省大华种业集团有限公司	2019/12/19
CNA013767G	CNA20151912.4	金118	玉米	河南金博士种业股份有限公司	2019/12/19
CNA013768G	CNA20151932.0	天和1号	玉米	吉林省魏巍农业科学研究院	2019/12/19
CNA013769G	CNA20151933.9	金庆1号	玉米	吉林省魏巍农业科学研究院	2019/12/19
CNA013770G	CNA20151934.8	梅亚50	玉米	黑龙江梅亚种业有限公司	2019/12/19
CNA013771G	CNA20151935.7	Y893	玉米	黑龙江梅亚种业有限公司	2019/12/19

（续）

公告号	品种权号	品种名称	植物属种	品种权人	授权日
CNA013772G	CNA20151936.6	K306	玉米	内蒙古丰垦种业有限责任公司	2019/12/19
CNA013773G	CNA20151937.5	铁研818	玉米	铁岭市农业科学院	2019/12/19
CNA013774G	CNA20151938.4	铁T0752	玉米	铁岭市农业科学院	2019/12/19
CNA013775G	CNA20151943.7	泰鲜甜1号	玉米	万农高科集团有限公司	2019/12/19
CNA013776G	CNA20151948.2	陵玉987	玉米	仁寿县陵州作物研究所	2019/12/19
CNA013777G	CNA20151949.1	LSC351	玉米	仁寿县陵州作物研究所	2019/12/19
CNA013778G	CNA20151973.0	LA731	玉米	安徽隆平高科种业有限公司	2019/12/19
CNA013779G	CNA20151975.8	LJ666	玉米	安徽隆平高科种业有限公司	2019/12/19
CNA013780G	CNA20151977.6	LJ2047	玉米	安徽隆平高科种业有限公司	2019/12/19
CNA013781G	CNA20151980.1	强硕168	玉米	衣丰凡	2019/12/19
CNA013782G	CNA20151981.0	强硕178	玉米	衣丰凡	2019/12/19
CNA013783G	CNA20151994.5	H7835	玉米	鹤壁禾博士晟农科技有限公司	2019/12/19
CNA013784G	CNA20152005.0	YA74737	玉米	四川雅玉科技开发有限公司	2019/12/19
CNA013785G	CNA20152006.9	H0908	玉米	吉林省宏泽现代农业有限公司	2019/12/19
CNA013786G	CNA20152007.8	Z1182	玉米	吉林省宏泽现代农业有限公司	2019/12/19
CNA013787G	CNA20152040.7	利农368	玉米	哈尔滨市益农种业有限公司	2019/12/19
CNA013788G	CNA20152046.1	D1153	玉米	江苏省大华种业集团有限公司	2019/12/19
CNA013789G	CNA20152047.0	DJ1146	玉米	江苏省大华种业集团有限公司	2019/12/19
CNA013790G	CNA20152051.3	桂单165	玉米	广西壮族自治区农业科学院玉米研究所；广西兆和种业有限公司	2019/12/19
CNA013791G	CNA20152052.2	桂单166	玉米	广西壮族自治区农业科学院玉米研究所；广西兆和种业有限公司	2019/12/19
CNA013792G	CNA20152056.8	LAB1	玉米	安徽隆平高科种业有限公司	2019/12/19
CNA013793G	CNA20152057.7	五单2号	玉米	张妙亭	2019/12/19
CNA013794G	CNA20152058.6	W5899	玉米	张妙亭	2019/12/19
CNA013795G	CNA20152060.2	宏途757	玉米	丹东宏硕种业科技有限公司	2019/12/19
CNA013796G	CNA20160013.3	通玉9582	玉米	北京钮威特种业有限公司	2019/12/19
CNA013797G	CNA20160052.5	LSC38	玉米	仁寿县陵州作物研究所	2019/12/19
CNA013798G	CNA20160073.0	JY1942	玉米	山东鑫丰种业股份有限公司	2019/12/19
CNA013799G	CNA20160085.6	HF631	玉米	安徽隆平高科种业有限公司	2019/12/19
CNA013800G	CNA20160087.4	HX6504	玉米	安徽隆平高科种业有限公司	2019/12/19
CNA013801G	CNA20160091.8	江玉877	玉米	宿迁中江种业有限公司	2019/12/19
CNA013802G	CNA20160111.4	LJ15050862	玉米	辽宁辽吉种业有限公司	2019/12/19

（续）

公告号	品种权号	品种名称	植物属种	品种权人	授权日
CNA013803G	CNA20160113.2	Y5083	玉米	山东登海种业股份有限公司	2019/12/19
CNA013804G	CNA20160116.9	Y792015	玉米	英焕发	2019/12/19
CNA013805G	CNA20160117.8	ZY221	玉米	刘文卓	2019/12/19
CNA013806G	CNA20160118.7	泓丰808	玉米	北京新实泓丰种业有限公司	2019/12/19
CNA013807G	CNA20160126.7	TY6	玉米	广东省农业科学院作物研究所	2019/12/19
CNA013808G	CNA20160134.7	CT69387	玉米	北京联创种业有限公司	2019/12/19
CNA013809G	CNA20160158.8	HF18XF	玉米	河南滑丰种业科技有限公司	2019/12/19
CNA013810G	CNA20160160.4	华盛801	玉米	山东省华盛农业股份有限公司	2019/12/19
CNA013811G	CNA20160161.3	A10	玉米	黑龙江登海种业有限公司	2019/12/19
CNA013812G	CNA20160180.0	泽玉501	玉米	吉林省宏泽现代农业有限公司	2019/12/19
CNA013813G	CNA20160193.5	明单368	玉米	葫芦岛市明玉种业有限责任公司	2019/12/19
CNA013814G	CNA20160194.4	TM35207	玉米	葫芦岛市明玉种业有限责任公司	2019/12/19
CNA013815G	CNA20160195.3	Z5521	玉米	葫芦岛市明玉种业有限责任公司	2019/12/19
CNA013816G	CNA20160200.6	景颇早糯	玉米	天津中天大地科技有限公司	2019/12/19
CNA013817G	CNA20160204.2	JNG4121	玉米	河北冀农种业有限责任公司	2019/12/19
CNA013818G	CNA20160205.1	K1205	玉米	河北沧玉种业科技有限公司	2019/12/19
CNA013819G	CNA20160208.8	绵724	玉米	绵阳市农业科学研究院	2019/12/19
CNA013820G	CNA20160210.4	绵单1256	玉米	绵阳市农业科学研究院	2019/12/19
CNA013821G	CNA20160211.3	F178	玉米	内蒙古利禾农业科技发展有限公司	2019/12/19
CNA013822G	CNA20160213.1	F5093	玉米	内蒙古利禾农业科技发展有限公司	2019/12/19
CNA013823G	CNA20160214.0	V2190	玉米	内蒙古利禾农业科技发展有限公司	2019/12/19
CNA013824G	CNA20160215.9	利禾10	玉米	内蒙古利禾农业科技发展有限公司	2019/12/19
CNA013825G	CNA20160222.0	hB06002	玉米	先正达参股股份有限公司	2019/12/19
CNA013826G	CNA20160238.2	盛伊8	玉米	吉林省稷秾种业有限公司	2019/12/19
CNA013827G	CNA20160249.9	吉龙2号	玉米	黑龙江省久龙种业有限公司	2019/12/19
CNA013828G	CNA20160259.6	B285	玉米	北京华农伟业种子科技有限公司	2019/12/19
CNA013829G	CNA20160260.3	B324	玉米	北京华农伟业种子科技有限公司	2019/12/19
CNA013830G	CNA20160261.2	B609	玉米	北京华农伟业种子科技有限公司	2019/12/19
CNA013831G	CNA20160262.1	B863	玉米	北京华农伟业种子科技有限公司	2019/12/19
CNA013832G	CNA20160268.5	东润188	玉米	丹东市振安区丹兴玉米育种研究所；辽宁东润种业有限公司	2019/12/19
CNA013833G	CNA20160271.0	Qun01X01	玉米	广东省农业科学院作物研究所	2019/12/19
CNA013834G	CNA20160272.9	渝501	玉米	重庆市农业科学院	2019/12/19

（续）

公告号	品种权号	品种名称	植物属种	品种权人	授权日
CNA013835G	CNA20160281.8	星单1	玉米	哈尔滨明星农业科技开发有限公司	2019/12/19
CNA013836G	CNA20160282.7	星单2	玉米	哈尔滨明星农业科技开发有限公司	2019/12/19
CNA013837G	CNA20160283.6	科丰818	玉米	昆山科腾生物科技有限公司；凯伊玛生物农业技术有限公司	2019/12/19
CNA013838G	CNA20160351.3	东北丰001	玉米	哈尔滨东北丰种子有限公司	2019/12/19
CNA013839G	CNA20160352.2	法尔利1010	玉米	哈尔滨东北丰种子有限公司	2019/12/19
CNA013840G	CNA20160356.8	GLU1842	玉米	北京高锐思农业技术研究院	2019/12/19
CNA013841G	CNA20160357.7	YNND24	玉米	哈尔滨市益农种业有限公司	2019/12/19
CNA013842G	CNA20160358.6	YNND26	玉米	哈尔滨市益农种业有限公司	2019/12/19
CNA013843G	CNA20160368.4	承系206	玉米	承德裕丰种业有限公司	2019/12/19
CNA013844G	CNA20160413.9	陇单339	玉米	甘肃省农业科学院作物研究所	2019/12/19
CNA013845G	CNA20160427.3	SD26	玉米	大连盛世种业有限公司	2019/12/19
CNA013846G	CNA20160428.2	SD89	玉米	大连盛世种业有限公司	2019/12/19
CNA013847G	CNA20160431.7	金秋119	玉米	河南沃丰农业开发有限公司	2019/12/19
CNA013848G	CNA20160453.0	H133	玉米	乌兰浩特市秋实种业有限责任公司	2019/12/19
CNA013849G	CNA20160468.3	天益青7096	玉米	安徽华成种业股份有限公司	2019/12/19
CNA013850G	CNA20160487.0	邵单996	玉米	河南欧亚种业有限公司	2019/12/19
CNA013851G	CNA20160513.8	金银898	玉米	上海农科种子种苗有限公司	2019/12/19
CNA013852G	CNA20160519.2	WD01	玉米	十堰市农业科学院	2019/12/19
CNA013853G	CNA20160545.0	Y5109	玉米	吉林省吉育种业有限公司	2019/12/19
CNA013854G	CNA20160546.9	天龙华玉117	玉米	吉林省吉育种业有限公司	2019/12/19
CNA013855G	CNA20160565.5	HE729nct	玉米	海南绿川种苗有限公司	2019/12/19
CNA013856G	CNA20160569.1	W1593	玉米	王多彬	2019/12/19
CNA013857G	CNA20160575.3	YA1038401	玉米	河南省豫丰种业有限公司	2019/12/19
CNA013858G	CNA20160584.2	DS05	玉米	河南黄泛区地神种业有限公司	2019/12/19
CNA013859G	CNA20160585.1	F54	玉米	中国科学院遗传与发育生物学研究所	2019/12/19
CNA013860G	CNA20160595.9	鑫科玉2号	玉米	讷河市鑫丰种业有限责任公司	2019/12/19
CNA013861G	CNA20160601.1	元华8号	玉米	吉林云天化农业发展有限公司；曹冬梅；徐英华	2019/12/19
CNA013862G	CNA20160606.6	铁明366	玉米	铁岭市农业科学院	2019/12/19
CNA013863G	CNA20160616.4	HAL06	玉米	襄阳正大农业开发有限公司	2019/12/19
CNA013864G	CNA20160633.3	L204	玉米	丹东市国斌农业科技有限公司	2019/12/19

（续）

公告号	品种权号	品种名称	植物属种	品种权人	授权日
CNA013865G	CNA20160634.2	L230	玉米	丹东市国斌农业科技有限公司	2019/12/19
CNA013866G	CNA20160646.8	N547	玉米	衣丰凡	2019/12/19
CNA013867G	CNA20160652.9	丹玉8439	玉米	辽宁丹玉种业科技股份有限公司	2019/12/19
CNA013868G	CNA20160656.5	金玉100	玉米	吉林省金玉种业有限公司	2019/12/19
CNA013869G	CNA20160662.7	天华玉001	玉米	淮安市金色天华种业科技有限公司	2019/12/19
CNA013870G	CNA20160675.2	JC136	玉米	河南金苑种业股份有限公司	2019/12/19
CNA013871G	CNA20160683.2	BN244	玉米	安徽盛创农业科技有限公司	2019/12/19
CNA013872G	CNA20160714.5	易安119	玉米	公主岭国家农业科技园区瑞兴玉米研究所	2019/12/19
CNA013873G	CNA20160716.3	H581	玉米	中农集团种业控股有限公司	2019/12/19
CNA013874G	CNA20160717.2	ZNZ02	玉米	中农集团种业控股有限公司	2019/12/19
CNA013875G	CNA20160741.2	HR9214	玉米	黑龙江省农业科学院玉米研究所	2019/12/19
CNA013876G	CNA20160743.0	HRU332	玉米	黑龙江省农业科学院玉米研究所	2019/12/19
CNA013877G	CNA20160799.3	威育2号	玉米	牡丹江市威虎山种业有限责任公司	2019/12/19
CNA013878G	CNA20160834.0	豫928	玉米	河南农业大学	2019/12/19
CNA013879G	CNA20160835.9	豫1122	玉米	河南农业大学	2019/12/19
CNA013880G	CNA20160836.8	豫2121	玉米	河南农业大学	2019/12/19
CNA013881G	CNA20160837.7	豫2122	玉米	河南农业大学	2019/12/19
CNA013882G	CNA20160838.6	豫14111	玉米	河南农业大学	2019/12/19
CNA013883G	CNA20160869.8	YA98472	玉米	四川雅玉科技开发有限公司	2019/12/19
CNA013884G	CNA20160875.0	JL109	玉米	山东金来种业有限公司	2019/12/19
CNA013885G	CNA20160876.9	JL1132	玉米	山东金来种业有限公司	2019/12/19
CNA013886G	CNA20160878.7	美联6500	玉米	新疆美亚联达种业有限公司	2019/12/19
CNA013887G	CNA20160879.6	D17	玉米	新疆美亚联达种业有限公司	2019/12/19
CNA013888G	CNA20160880.3	T19	玉米	新疆美亚联达种业有限公司	2019/12/19
CNA013889G	CNA20160915.2	MC812	玉米	北京市农林科学院	2019/12/19
CNA013890G	CNA20160920.5	先玉1458	玉米	先锋国际良种公司	2019/12/19
CNA013891G	CNA20160939.4	万育1302	玉米	辽宁万孚种业有限公司	2019/12/19
CNA013892G	CNA20160941.0	C7311	玉米	山东省农业科学院玉米研究所	2019/12/19
CNA013893G	CNA20160957.1	JN11	玉米	河北冠虎农业科技有限公司	2019/12/19
CNA013894G	CNA20161015.9	伊单48	玉米	吉林省稷秾种业有限公司；贾志学	2019/12/19
CNA013895G	CNA20161016.8	YTH001	玉米	吉林云天化农业发展有限公司	2019/12/19
CNA013896G	CNA20161018.6	禾睦玉102	玉米	贵州禾睦福种子有限公司	2019/12/19

（续）

公告号	品种权号	品种名称	植物属种	品种权人	授权日
CNA013897G	CNA20161040.8	大玉糯1号	玉米	大理白族自治州农业科学推广研究院；陈怀军	2019/12/19
CNA013898G	CNA20161078.3	中正309	玉米	黑龙江中正农业发展有限公司	2019/12/19
CNA013899G	CNA20161122.9	微风甜777	玉米	海口伯洪农业科技有限公司	2019/12/19
CNA013900G	CNA20161127.4	WYZH661	玉米	辽宁万孚种业有限公司	2019/12/19
CNA013901G	CNA20161128.3	WF663	玉米	辽宁万孚种业有限公司	2019/12/19
CNA013902G	CNA20161165.7	LWF5	玉米	山西大丰种业有限公司	2019/12/19
CNA013903G	CNA20161178.2	W24	玉米	北京金色农华种业科技股份有限公司	2019/12/19
CNA013904G	CNA20161226.4	翔玉198	玉米	吉林省鸿翔农业集团鸿翔种业有限公司	2019/12/19
CNA013905G	CNA20161229.1	F39	玉米	吉林省鸿翔农业集团鸿翔种业有限公司	2019/12/19
CNA013906G	CNA20161267.4	禾育9	玉米	四平市新禾玉米种子研究所有限公司	2019/12/19
CNA013907G	CNA20161271.8	DM558	玉米	内蒙古蒙新农种业有限责任公司	2019/12/19
CNA013908G	CNA20161293.2	正泰3号	玉米	先正达（中国）投资有限公司	2019/12/19
CNA013909G	CNA20161294.1	P7863	玉米	先正达（中国）投资有限公司	2019/12/19
CNA013910G	CNA20161295.0	NPID7032	玉米	先正达参股股份有限公司	2019/12/19
CNA013911G	CNA20161319.2	PHC52	玉米	先锋国际良种公司	2019/12/19
CNA013912G	CNA20161320.9	PH26J9	玉米	先锋国际良种公司	2019/12/19
CNA013913G	CNA20161321.8	PH1W8H	玉米	先锋国际良种公司	2019/12/19
CNA013914G	CNA20161324.5	洰丰1518	玉米	河北洰丰种业有限公司	2019/12/19
CNA013915G	CNA20161335.2	LJ876	玉米	安徽隆平高科种业有限公司	2019/12/19
CNA013916G	CNA20161456.5	W1103	玉米	中种国际种子有限公司	2019/12/19
CNA013917G	CNA20161492.1	YA12984	玉米	四川雅玉科技开发有限公司	2019/12/19
CNA013918G	CNA20161499.4	PH19BP	玉米	先锋国际良种公司	2019/12/19
CNA013919G	CNA20161501.0	PHSAJ1	玉米	先锋国际良种公司	2019/12/19
CNA013920G	CNA20161502.9	PHGAF1	玉米	先锋国际良种公司	2019/12/19
CNA013921G	CNA20161505.6	Y737	玉米	四川省农业科学院作物研究所	2019/12/19
CNA013922G	CNA20161536.9	赛德1号	玉米	山西中农赛博种业有限公司	2019/12/19
CNA013923G	CNA20161543.0	苏玉糯1502	玉米	江苏沿江地区农业科学研究所	2019/12/19
CNA013924G	CNA20161614.4	登海671	玉米	山东登海种业股份有限公司	2019/12/19
CNA013925G	CNA20161693.8	吉亨26	玉米	吉林省军丰种业有限公司	2019/12/19
CNA013926G	CNA20161704.5	C237	玉米	山西福盛园科技发展有限公司	2019/12/19

（续）

公告号	品种权号	品种名称	植物属种	品种权人	授权日
CNA013927G	CNA20161730.3	兴达5号	玉米	甘肃兴达种业有限公司	2019/12/19
CNA013928G	CNA20161852.5	FJ3	玉米	中国科学院遗传与发育生物学研究所	2019/12/19
CNA013929G	CNA20161853.4	FJ56	玉米	中国科学院遗传与发育生物学研究所	2019/12/19
CNA013930G	CNA20161913.2	合301	玉米	黑龙江省农业科学院佳木斯分院	2019/12/19
CNA013931G	CNA20161922.1	WZ08x38	玉米	重庆三峡农业科学院	2019/12/19
CNA013932G	CNA20161923.0	WZ06x92	玉米	重庆三峡农业科学院	2019/12/19
CNA013933G	CNA20162318.1	衡玉1587	玉米	河北省农林科学院旱作农业研究所	2019/12/19
CNA013934G	CNA20162415.3	兆育107	玉米	河北兆育种业有限公司；石家庄高新区源申科技有限公司	2019/12/19
CNA013935G	CNA20170092.6	MR3152A	玉米	中国农业大学	2019/12/19
CNA013936G	CNA20170167.6	L396B	玉米	中国农业大学	2019/12/19
CNA013937G	CNA20171507.3	京农科736	玉米	北京顺鑫农科种业科技有限公司；北京市农林科学院	2019/12/19
CNA013938G	CNA20171951.4	利单969	玉米	利马格兰欧洲	2019/12/19
CNA013939G	CNA20172463.3	陕267	玉米	西北农林科技大学	2019/12/19
CNA013940G	CNA20172610.5	TH22A	玉米	魏巍农业集团有限公司	2019/12/19
CNA013941G	CNA20172611.4	TH07A	玉米	魏巍农业集团有限公司	2019/12/19
CNA013942G	CNA20172612.3	TH21N	玉米	魏巍农业集团有限公司	2019/12/19
CNA013943G	CNA20172613.2	THD4A	玉米	魏巍农业集团有限公司	2019/12/19
CNA013944G	CNA20172775.6	TH42A	玉米	魏巍农业集团有限公司	2019/12/19
CNA013945G	CNA20172776.5	TH25A	玉米	魏巍农业集团有限公司	2019/12/19
CNA013946G	CNA20172777.4	TH3A4	玉米	魏巍农业集团有限公司	2019/12/19
CNA013947G	CNA20172778.3	THD28	玉米	魏巍农业集团有限公司	2019/12/19
CNA013948G	CNA20172779.2	THD27	玉米	魏巍农业集团有限公司	2019/12/19
CNA013949G	CNA20172780.9	TH22N	玉米	魏巍农业集团有限公司	2019/12/19
CNA013950G	CNA20172781.8	TH422	玉米	魏巍农业集团有限公司	2019/12/19
CNA013951G	CNA20172783.6	TH39R	玉米	魏巍农业集团有限公司	2019/12/19
CNA013952G	CNA20172784.5	TH05R	玉米	魏巍农业集团有限公司	2019/12/19
CNA013953G	CNA20172785.4	THB18	玉米	魏巍农业集团有限公司	2019/12/19
CNA013954G	CNA20172786.3	TH424	玉米	魏巍农业集团有限公司	2019/12/19
CNA013955G	CNA20172788.1	THT80	玉米	魏巍农业集团有限公司	2019/12/19
CNA013956G	CNA20172790.7	TH476	玉米	魏巍农业集团有限公司	2019/12/19

（续）

公告号	品种权号	品种名称	植物属种	品种权人	授权日
CNA013957G	CNA20172792.5	TH228	玉米	魏巍农业集团有限公司	2019/12/19
CNA013958G	CNA20172793.4	TH154	玉米	魏巍农业集团有限公司	2019/12/19
CNA013959G	CNA20172794.3	THA5W	玉米	魏巍农业集团有限公司	2019/12/19
CNA013960G	CNA20172795.2	TH523	玉米	魏巍农业集团有限公司	2019/12/19
CNA013961G	CNA20172796.1	THA5R	玉米	魏巍农业集团有限公司	2019/12/19
CNA013962G	CNA20172797.0	TH534	玉米	魏巍农业集团有限公司	2019/12/19
CNA013963G	CNA20172798.9	TH66B	玉米	魏巍农业集团有限公司	2019/12/19
CNA013964G	CNA20172799.8	TH66R	玉米	魏巍农业集团有限公司	2019/12/19
CNA013965G	CNA20172801.4	THR53	玉米	魏巍农业集团有限公司	2019/12/19
CNA013966G	CNA20172802.3	THA25	玉米	魏巍农业集团有限公司	2019/12/19
CNA013967G	CNA20172803.2	THA31	玉米	魏巍农业集团有限公司	2019/12/19
CNA013968G	CNA20172804.1	THL61	玉米	魏巍农业集团有限公司	2019/12/19
CNA013969G	CNA20172805.0	TH77A	玉米	魏巍农业集团有限公司	2019/12/19
CNA013970G	CNA20172806.9	TH24A	玉米	魏巍农业集团有限公司	2019/12/19
CNA013971G	CNA20172807.8	TH26A	玉米	魏巍农业集团有限公司	2019/12/19
CNA013972G	CNA20172809.6	THL63	玉米	魏巍农业集团有限公司	2019/12/19
CNA013973G	CNA20172810.3	THL68	玉米	魏巍农业集团有限公司	2019/12/19
CNA013974G	CNA20172811.2	TH246	玉米	魏巍农业集团有限公司	2019/12/19
CNA013975G	CNA20172812.1	TH84A	玉米	魏巍农业集团有限公司	2019/12/19
CNA013976G	CNA20172813.0	THL12	玉米	魏巍农业集团有限公司	2019/12/19
CNA013977G	CNA20172814.9	THD5A	玉米	魏巍农业集团有限公司	2019/12/19
CNA013978G	CNA20172815.8	TH85A	玉米	魏巍农业集团有限公司	2019/12/19
CNA013979G	CNA20172816.7	THK35	玉米	魏巍农业集团有限公司	2019/12/19
CNA013980G	CNA20172817.6	TH363	玉米	魏巍农业集团有限公司	2019/12/19
CNA013981G	CNA20172818.5	THL17	玉米	魏巍农业集团有限公司	2019/12/19
CNA013982G	CNA20172819.4	THL23	玉米	魏巍农业集团有限公司	2019/12/19
CNA013983G	CNA20172820.1	TH327	玉米	魏巍农业集团有限公司	2019/12/19
CNA013984G	CNA20172821.0	THA22	玉米	魏巍农业集团有限公司	2019/12/19
CNA013985G	CNA20173275.9	浚单1538	玉米	鹤壁市农业科学院	2019/12/19
CNA013986G	CNA20180475.2	H100	玉米	新疆华夏农业有限公司	2019/12/19
CNA013987G	CNA20180509.2	豫单132	玉米	河南农业大学	2019/12/19
CNA013988G	CNA20180645.7	利合736	玉米	利马格兰欧洲	2019/12/19

（续）

公告号	品种权号	品种名称	植物属种	品种权人	授权日
CNA013989G	CNA20180647.5	利单765	玉米	利马格兰欧洲	2019/12/19
CNA013990G	CNA20180946.3	邯玉396	玉米	邯郸市农业科学院	2019/12/19
CNA013991G	CNA20180997.1	敦玉105	玉米	甘肃省敦煌种业集团股份有限公司	2019/12/19
CNA013992G	CNA20181054.9	华夏569	玉米	新疆华夏农业有限公司	2019/12/19
CNA013993G	CNA20181402.8	CNH4450	玉米	中国农业科学院作物科学研究所	2019/12/19
CNA013994G	CNA20181405.5	CNH3323	玉米	中国农业科学院作物科学研究所	2019/12/19
CNA013995G	CNA20182604.2	先玉1612	玉米	先锋国际良种公司	2019/12/19
CNA013996G	CNA20183026.0	敦玉258	玉米	甘肃省敦煌种业集团股份有限公司	2019/12/19
CNA013997G	CNA20183217.9	强盛191	玉米	山西强盛种业有限公司	2019/12/19
CNA013998G	CNA20183222.2	福盛699	玉米	山西福盛园科技发展有限公司	2019/12/19
CNA013999G	CNA20183375.7	金赛501	玉米	河南金赛种子有限公司	2019/12/19
CNA014000G	CNA20183735.2	晋糯18号	玉米	山西大丰种业有限公司	2019/12/19
CNA014001G	CNA20183787.9	滑玉78	玉米	河南滑丰种业科技有限公司	2019/12/19
CNA014002G	CNA20183834.2	密花甜糯12号	玉米	北京中农斯达农业科技开发有限公司	2019/12/19
CNA014003G	CNA20183837.9	密甜糯4号	玉米	北京中农斯达农业科技开发有限公司	2019/12/19
CNA014004G	CNA20183838.8	斯达糯32	玉米	北京中农斯达农业科技开发有限公司	2019/12/19
CNA014005G	CNA20183839.7	斯达糯41	玉米	北京中农斯达农业科技开发有限公司	2019/12/19
CNA014006G	CNA20183844.0	迪卡010	玉米	中种国际种子有限公司	2019/12/19
CNA014007G	CNA20183852.9	北试376	玉米	北票市兴业玉米高新技术研究所	2019/12/19
CNA014008G	CNA20183857.4	Q2087	玉米	中种国际种子有限公司	2019/12/19
CNA014009G	CNA20183858.3	Q9916	玉米	中种国际种子有限公司	2019/12/19
CNA014010G	CNA20183859.2	S1646	玉米	中种国际种子有限公司	2019/12/19
CNA014011G	CNA20183931.4	斯达甜219	玉米	北京中农斯达农业科技开发有限公司	2019/12/19
CNA014012G	CNA20183932.3	斯达甜221	玉米	北京中农斯达农业科技开发有限公司	2019/12/19
CNA014013G	CNA20183987.7	Q4199	玉米	中种国际种子有限公司	2019/12/19
CNA014014G	CNA20183988.6	R7005	玉米	中种国际种子有限公司	2019/12/19
CNA014015G	CNA20184384.4	先达210	玉米	先正达参股股份有限公司	2019/12/19
CNA014016G	CNA20184385.3	先达303	玉米	先正达参股股份有限公司	2019/12/19
CNA014017G	CNA20184608.4	山单2号	玉米	四川智慧高地种业有限公司	2019/12/19

（续）

公告号	品种权号	品种名称	植物属种	品种权人	授权日
CNA014018G	CNA20130118.0	瑞华麦520	普通小麦	江苏瑞华农业科技有限公司	2019/12/19
CNA014019G	CNA20140301.6	云麦102	普通小麦	云南省农业科学院粮食作物研究所	2019/12/19
CNA014020G	CNA20140302.5	云麦103	普通小麦	云南省农业科学院粮食作物研究所	2019/12/19
CNA014021G	CNA20140608.6	藁优5766	普通小麦	藁城市农业科学研究所	2019/12/19
CNA014022G	CNA20151113.1	津强8号	普通小麦	天津市农作物研究所	2019/12/19
CNA014023G	CNA20151114.0	津强9号	普通小麦	天津市农作物研究所	2019/12/19
CNA014024G	CNA20171326.2	淮麦43	普通小麦	江苏徐淮地区淮阴农业科学研究所；江苏农科种业研究院有限公司	2019/12/19
CNA014025G	CNA20182115.4	金麦59	普通小麦	涿州市光润生发农业技术开发有限公司	2019/12/19
CNA014026G	CNA20182317.0	临旱9号	普通小麦	山西省农业科学院小麦研究所；中国科学院遗传与发育生物学研究所农业资源研究中心	2019/12/19
CNA014027G	CNA20183829.9	万丰505	普通小麦	石家庄市万丰种业有限公司	2019/12/19
CNA014028G	CNA20183830.6	万丰126	普通小麦	石家庄市万丰种业有限公司	2019/12/19
CNA014029G	CNA20184023.1	川麦86	普通小麦	四川省农业科学院作物研究所	2019/12/19
CNA014030G	CNA20184174.8	鲁研128	普通小麦	山东鲁研农业良种有限公司；山东省农业科学院原子能农业应用研究所；山东省农业科学院农产品研究所	2019/12/19
CNA014031G	CNA20184175.7	鲁研148	普通小麦	山东鲁研农业良种有限公司；山东省农业科学院原子能农业应用研究所；山东省农业科学院农产品研究所	2019/12/19
CNA014032G	CNA20184598.6	万丰826	普通小麦	石家庄市万丰种业有限公司	2019/12/19
CNA014033G	CNA20151794.7	济谷19	谷子	山东省农业科学院作物研究所	2019/12/19
CNA014034G	CNA20160541.4	张杂谷16号	谷子	张家口市农业科学院；河北巡天农业科技有限公司	2019/12/19
CNA014035G	CNA20160564.6	济绿谷1号	谷子	山东省农业科学院作物研究所	2019/12/19
CNA014036G	CNA20161156.8	冀谷39	谷子	河北省农林科学院谷子研究所	2019/12/19
CNA014037G	CNA20161157.7	冀谷40	谷子	河北省农林科学院谷子研究所	2019/12/19
CNA014038G	CNA20170076.6	中谷7	谷子	中国农业科学院作物科学研究所	2019/12/19
CNA014039G	CNA20170077.5	中谷8	谷子	中国农业科学院作物科学研究所	2019/12/19
CNA014040G	CNA20150979.6	赤粱2号	高粱	赤峰赤粱种业科技有限责任公司	2019/12/19
CNA014041G	CNA20150980.3	赤粱9号	高粱	赤峰赤粱种业科技有限责任公司	2019/12/19
CNA014042G	CNA20151966.9	13163A	高粱	四川省农业科学院水稻高粱研究所	2019/12/19
CNA014043G	CNA20151967.8	13221A	高粱	四川省农业科学院水稻高粱研究所	2019/12/19

（续）

公告号	品种权号	品种名称	植物属种	品种权人	授权日
CNA014044G	CNA20151968.7	83625R	高粱	四川省农业科学院水稻高粱研究所	2019/12/19
CNA014045G	CNA20160123.0	绥杂8号	高粱	黑龙江省农业科学院绥化分院	2019/12/19
CNA014046G	CNA20160150.6	龙帚2号	高粱	黑龙江省农业科学院作物资源研究所	2019/12/19
CNA014047G	CNA20160151.5	龙杂16号	高粱	黑龙江省农业科学院作物资源研究所	2019/12/19
CNA014048G	CNA20160562.8	龙米梁1号	高粱	黑龙江省农业科学院作物资源研究所	2019/12/19
CNA014049G	CNA20160563.7	龙杂18号	高粱	黑龙江省农业科学院作物资源研究所	2019/12/19
CNA014050G	CNA20161333.4	吉杂138	高粱	吉林省农业科学院	2019/12/19
CNA014051G	CNA20151993.6	绿州2号	绿豆	刘中民；刘晓鹏	2019/12/19
CNA014052G	CNA20130538.2	东生8号	大豆	中国科学院东北地理与农业生态研究所	2019/12/19
CNA014053G	CNA20140478.3	东生9号	大豆	中国科学院东北地理与农业生态研究所	2019/12/19
CNA014054G	CNA20151921.3	沧豆10	大豆	沧州市农林科学院	2019/12/19
CNA014055G	CNA20152003.2	菏豆28号	大豆	菏泽市农业科学院	2019/12/19
CNA014056G	CNA20152004.1	菏豆29号	大豆	菏泽市农业科学院	2019/12/19
CNA014057G	CNA20152024.7	垦豆40	大豆	黑龙江省农垦科学院	2019/12/19
CNA014058G	CNA20152034.5	皖豆GPR501	大豆	安徽省农业科学院作物研究所	2019/12/19
CNA014059G	CNA20152035.4	南农GPR505	大豆	南京农业大学	2019/12/19
CNA014060G	CNA20160018.8	周豆22号	大豆	周口市农业科学院	2019/12/19
CNA014061G	CNA20160270.1	吉育609	大豆	吉林省农业科学院	2019/12/19
CNA014062G	CNA20160330.9	商豆1201	大豆	商丘市农林科学院	2019/12/19
CNA014063G	CNA20160331.8	商豆1310	大豆	商丘市农林科学院	2019/12/19
CNA014064G	CNA20160454.9	登科9号	大豆	黑龙江省五大连池市富民种子集团有限公司	2019/12/19
CNA014065G	CNA20160455.8	登科10号	大豆	黑龙江省五大连池市富民种子集团有限公司	2019/12/19
CNA014066G	CNA20160456.7	登科11号	大豆	黑龙江省五大连池市富民种子集团有限公司	2019/12/19
CNA014067G	CNA20160457.6	登科12号	大豆	黑龙江省五大连池市富民种子集团有限公司	2019/12/19
CNA014068G	CNA20160460.1	东富豆2号	大豆	黑龙江省五大连池市富民种子集团有限公司	2019/12/19

（续）

公告号	品种权号	品种名称	植物属种	品种权人	授权日
CNA014069G	CNA20160461.0	东富豆3号	大豆	黑龙江省五大连池市富民种子集团有限公司	2019/12/19
CNA014070G	CNA20160491.4	昊宇1号	大豆	吴乃清	2019/12/19
CNA014071G	CNA20160492.3	昊疆1号	大豆	吴乃清	2019/12/19
CNA014072G	CNA20160517.4	徐豆22	大豆	江苏徐淮地区徐州农业科学研究所	2019/12/19
CNA014073G	CNA20160522.7	龙垦310	大豆	北大荒垦丰种业股份有限公司	2019/12/19
CNA014074G	CNA20160523.6	龙垦333	大豆	北大荒垦丰种业股份有限公司	2019/12/19
CNA014075G	CNA20160533.4	垦豆44	大豆	北大荒垦丰种业股份有限公司	2019/12/19
CNA014076G	CNA20160534.3	垦豆57	大豆	北大荒垦丰种业股份有限公司	2019/12/19
CNA014077G	CNA20160535.2	垦豆59	大豆	北大荒垦丰种业股份有限公司	2019/12/19
CNA014078G	CNA20160561.9	郑豆0689	大豆	河南省农业科学院芝麻研究中心	2019/12/19
CNA014079G	CNA20160630.6	吉农41	大豆	吉林农业大学	2019/12/19
CNA014080G	CNA20160644.0	圣豆15	大豆	济宁得心种业有限公司	2019/12/19
CNA014081G	CNA20160739.6	星农3号	大豆	哈尔滨明星农业科技开发有限公司	2019/12/19
CNA014082G	CNA20161170.0	佳密豆6号	大豆	黑龙江省农业科学院佳木斯分院	2019/12/19
CNA014083G	CNA20161208.6	青酥七号	大豆	上海市农业科学院	2019/12/19
CNA014084G	CNA20161507.4	阜豆15	大豆	阜阳市农业科学院	2019/12/19
CNA014085G	CNA20161845.5	青酥八号	大豆	上海市农业科学院	2019/12/19
CNA014086G	CNA20172567.8	黑科60号	大豆	黑龙江省农业科学院黑河分院	2019/12/19
CNA014087G	CNA20172568.7	黑科59号	大豆	黑龙江省农业科学院黑河分院	2019/12/19
CNA014088G	CNA20172569.6	黑科58号	大豆	黑龙江省农业科学院黑河分院	2019/12/19
CNA014089G	CNA20172570.3	黑科57号	大豆	黑龙江省农业科学院黑河分院	2019/12/19
CNA014090G	CNA20181071.8	龙达4号	大豆	北安市大龙种业有限责任公司	2019/12/19
CNA014091G	CNA20182014.6	加农2号	大豆	大兴安岭地区农业林业科学研究院	2019/12/19
CNA014092G	CNA20183823.5	皖宿1208	大豆	宿州市农业科学院	2019/12/19
CNA014093G	CNA20184477.2	兆丰3号	大豆	河南许农种业有限公司；河南省兆丰种业公司；许昌市农业科学研究所	2019/12/19
CNA014094G	CNA20151419.2	粤油43	花生	广东省农业科学院作物研究所	2019/12/19
CNA014095G	CNA20160248.0	豫花40号	花生	河南省农业科学院	2019/12/19
CNA014096G	CNA20160375.5	合花4号	花生	安徽省农业科学院作物研究所	2019/12/19
CNA014097G	CNA20160440.6	宇花2号	花生	青岛农业大学	2019/12/19
CNA014098G	CNA20160441.5	宇花4号	花生	青岛农业大学	2019/12/19
CNA014099G	CNA20160442.4	宇花5号	花生	青岛农业大学	2019/12/19

（续）

公告号	品种权号	品种名称	植物属种	品种权人	授权日
CNA014100G	CNA20160464.7	潍花14号	花生	山东省潍坊市农业科学院	2019/12/19
CNA014101G	CNA20160465.6	潍花15号	花生	山东省潍坊市农业科学院	2019/12/19
CNA014102G	CNA20160477.2	宇花3号	花生	青岛农业大学	2019/12/19
CNA014103G	CNA20160478.1	宇花6号	花生	青岛农业大学	2019/12/19
CNA014104G	CNA20160479.0	宇花7号	花生	青岛农业大学	2019/12/19
CNA014105G	CNA20160480.7	宇花8号	花生	青岛农业大学	2019/12/19
CNA014106G	CNA20160481.6	宇花10号	花生	青岛农业大学	2019/12/19
CNA014107G	CNA20160482.5	宇花12号	花生	青岛农业大学	2019/12/19
CNA014108G	CNA20162134.3	开选014	花生	开封市农林科学研究院	2019/12/19
CNA014109G	CNA20184092.7	开农310	花生	开封市农林科学研究院	2019/12/19
CNA014110G	CNA20160328.3	徐紫薯030304	甘薯	江苏师范大学；江苏徐淮地区徐州农业科学研究所	2019/12/19
CNA014111G	CNA20160399.7	宁紫薯5号	甘薯	江苏省农业科学院	2019/12/19
CNA014112G	CNA20160408.6	心玉	甘薯	浙江省农业科学院	2019/12/19
CNA014113G	CNA20160469.2	烟薯28	甘薯	山东省烟台市农业科学研究院	2019/12/19
CNA014114G	CNA20161574.2	福莱薯23	甘薯	福建省农业科学院作物研究所	2019/12/19
CNA014115G	CNA20161601.9	徐渝薯35	甘薯	江苏徐淮地区徐州农业科学研究所；西南大学	2019/12/19
CNA014116G	CNA20161604.6	徐紫薯6号	甘薯	江苏徐淮地区徐州农业科学研究所	2019/12/19
CNA014117G	CNA20161779.5	漯薯10号	甘薯	漯河市农业科学院	2019/12/19
CNA014118G	CNA20161780.2	漯紫薯1号	甘薯	漯河市农业科学院	2019/12/19
CNA014119G	CNA20161781.1	漯薯11	甘薯	漯河市农业科学院	2019/12/19
CNA014120G	CNA20162222.6	烟紫薯4号	甘薯	山东省烟台市农业科学研究院	2019/12/19
CNA014121G	CNA20162224.4	烟薯29号	甘薯	山东省烟台市农业科学研究院	2019/12/19
CNA014122G	CNA20141750.0	紫玫瑰3号	马铃薯	西北农林科技大学	2019/12/19
CNA014123G	CNA20160612.8	粤红一号	马铃薯	广东省农业科学院作物研究所；潮州市农业科技发展中心	2019/12/19
CNA014124G	CNA20161270.9	陇薯14号	马铃薯	甘肃省农业科学院马铃薯研究所	2019/12/19
CNA014125G	CNA20170583.2	冀张薯27号	马铃薯	张家口市农业科学院	2019/12/19
CNA014126G	CNA20170593.0	冀张薯23号	马铃薯	张家口市农业科学院	2019/12/19
CNA014127G	CNA20170594.9	冀张薯22号	马铃薯	张家口市农业科学院	2019/12/19
CNA014128G	CNA20170595.8	京张薯2号	马铃薯	张家口市农业科学院	2019/12/19
CNA014129G	CNA20170596.7	冀张薯20号	马铃薯	张家口市农业科学院	2019/12/19
CNA014130G	CNA20181152.0	中加7	马铃薯	内蒙古中加农业生物科技有限公司	2019/12/19

（续）

公告号	品种权号	品种名称	植物属种	品种权人	授权日
CNA014131G	CNA20181153.9	中加28	马铃薯	内蒙古中加农业生物科技有限公司	2019/12/19
CNA014132G	CNA20181154.8	中加33	马铃薯	内蒙古中加农业生物科技有限公司	2019/12/19
CNA014133G	CNA20150262.2	苏棉29	棉属	江苏沿海地区农业科学研究所	2019/12/19
CNA014134G	CNA20151950.7	苏杂208	棉属	江苏省农业科学院	2019/12/19
CNA014135G	CNA20160289.0	泗棉6821	棉属	江苏省泗棉种业有限责任公司；江苏省农业科学院宿迁农科所	2019/12/19
CNA014136G	CNA20160318.5	通科棉1号	棉属	南通科技职业学院	2019/12/19
CNA014137G	CNA20160472.7	EZ9	棉属	湖北省农业科学院经济作物研究所	2019/12/19
CNA014138G	CNA20173340.0	邯M263	棉属	邯郸市农业科学院	2019/12/19
CNA014139G	CNA20173341.9	邯6305	棉属	邯郸市农业科学院	2019/12/19
CNA014140G	CNA20173342.8	邯6382	棉属	邯郸市农业科学院	2019/12/19
CNA014141G	CNA20180349.6	鲁杂311	棉属	山东棉花研究中心	2019/12/19
CNA014142G	CNA20183966.2	ZHM19	棉属	湖南省棉花科学研究所	2019/12/19
CNA014143G	CNA20160678.9	欧美来	普通结球甘蓝	邢台双环种业有限公司	2019/12/19
CNA014144G	CNA20161995.3	MS23	普通结球甘蓝	宁波微萌种业有限公司	2019/12/19
CNA014145G	CNA20161996.2	MS18	普通结球甘蓝	宁波微萌种业有限公司	2019/12/19
CNA014146G	CNA20160767.1	欧尚	普通番茄	绿亨科技股份有限公司	2019/12/19
CNA014147G	CNA20160768.0	贝贝	普通番茄	绿亨科技股份有限公司	2019/12/19
CNA014148G	CNA20160655.6	俊朗	茄子	瑞克斯旺种子种苗集团公司	2019/12/19
CNA014149G	CNA20184379.1	紫龙九号	茄子	武汉市农业科学院	2019/12/19
CNA014150G	CNA20184380.8	迎春四号	茄子	武汉市农业科学院	2019/12/19
CNA014151G	CNA20180319.2	和美	辣椒属	许哲学	2019/12/19
CNA014152G	CNA20151739.5	东方秀	黄瓜	郑州市蔬菜研究所	2019/12/19
CNA014153G	CNA20161237.1	科润99	黄瓜	天津科润农业科技股份有限公司	2019/12/19
CNA014154G	CNA20151455.7	通蚕鲜7号	蚕豆	江苏沿江地区农业科学研究所	2019/12/19
CNA014155G	CNA20161148.9	广良2号	苦瓜	广东省良种引进服务公司	2019/12/19
CNA014156G	CNA20161149.8	广良3号	苦瓜	广东省良种引进服务公司	2019/12/19
CNA014157G	CNA20160613.7	铁柱2号	冬瓜	广东省农业科学院蔬菜研究所	2019/12/19
CNA014158G	CNA20160772.4	美惠	普通西瓜	绿亨科技股份有限公司	2019/12/19
CNA014159G	CNA20162448.4	苏梦2号	普通西瓜	江苏徐淮地区淮阴农业科学研究所；淮安市中园园艺发展有限公司	2019/12/19
CNA014160G	CNA20162449.3	苏梦7号	普通西瓜	江苏徐淮地区淮阴农业科学研究所	2019/12/19

（续）

公告号	品种权号	品种名称	植物属种	品种权人	授权日
CNA014161G	CNA20162450.9	苏创3号	普通西瓜	江苏徐淮地区淮阴农业科学研究所	2019/12/19
CNA014162G	CNA20162451.8	苏创4号	普通西瓜	江苏徐淮地区淮阴农业科学研究所	2019/12/19
CNA014163G	CNA20172324.2	苏梦5号	普通西瓜	江苏徐淮地区淮阴农业科学研究所	2019/12/19
CNA014164G	CNA20172330.4	苏梦6号	普通西瓜	江苏徐淮地区淮阴农业科学研究所	2019/12/19
CNA014165G	CNA20160970.4	玉如意	甜瓜	合肥丰乐种业股份有限公司	2019/12/19
CNA014166G	CNA20161529.8	小精灵	兰属	广东省农业科学院环境园艺研究所	2019/12/19
CNA014167G	CNA20171163.8	双艺金龙	兰属	福建百秾生态科技有限公司	2019/12/19
CNA014168G	CNA20171166.5	福韵丹霞	兰属	诏安县华韵兰花专业合作社；福建省农业科学院作物研究所	2019/12/19
CNA014169G	CNA20140842.2	富乐招财猫	蝴蝶兰属	庄明仪	2019/12/19
CNA014170G	CNA20162194.0	珐布卡洛	蝴蝶兰属	荷兰安祖公司	2019/12/19
CNA014171G	CNA20162195.9	珐卡姆万	蝴蝶兰属	荷兰安祖公司	2019/12/19
CNA014172G	CNA20162196.8	珐达沃吉	蝴蝶兰属	荷兰安祖公司	2019/12/19
CNA014173G	CNA20162285.0	牛记紫蝶	蝴蝶兰属	牛记兰花科技股份有限公司	2019/12/19
CNA014174G	CNA20162291.2	珐弗匹茨	蝴蝶兰属	荷兰安祖公司	2019/12/19
CNA014175G	CNA20162292.1	珐尔杜扎	蝴蝶兰属	荷兰安祖公司	2019/12/19
CNA014176G	CNA20162294.9	珐迪维克	蝴蝶兰属	荷兰安祖公司	2019/12/19
CNA014177G	CNA20162295.8	珐尔达西	蝴蝶兰属	荷兰安祖公司	2019/12/19
CNA014178G	CNA20162296.7	珐尔丹科	蝴蝶兰属	荷兰安祖公司	2019/12/19
CNA014179G	CNA20162297.6	珐德利多	蝴蝶兰属	荷兰安祖公司	2019/12/19
CNA014180G	CNA20162298.5	珐尔弗莱	蝴蝶兰属	荷兰安祖公司	2019/12/19
CNA014181G	CNA20170028.5	珐尔芬克	蝴蝶兰属	荷兰安祖公司	2019/12/19
CNA014182G	CNA20172988.9	霞锦	蝴蝶兰属	山东省烟台市农业科学研究院；厦门和晟科技有限公司；烟台市林木种苗站	2019/12/19
CNA014183G	CNA20130201.8	斯维特	菊属	荷兰多盟集团公司	2019/12/19
CNA014184G	CNA20130204.5	金樽	菊属	荷兰多盟集团公司	2019/12/19
CNA014185G	CNA20130205.4	金秋	菊属	荷兰多盟集团公司	2019/12/19
CNA014186G	CNA20130219.8	粉佳人	菊属	荷兰多盟集团公司	2019/12/19
CNA014187G	CNA20161890.9	玉台1号	菊属	北京农业生物技术研究中心	2019/12/19
CNA014188G	CNA20161969.5	罗斯泰阳光	菊属	荷兰佛劳瑞泰克育种公司	2019/12/19
CNA014189G	CNA20170685.9	寄之山阳	菊属	上海虹华园艺有限公司；昆明虹之华园艺有限公司；开远天华生物产业有限公司；寄能节雄	2019/12/19

（续）

公告号	品种权号	品种名称	植物属种	品种权人	授权日
CNA014190G	CNA20170686.8	金扇立花	菊属	上海虹华园艺有限公司；昆明虹之华园艺有限公司；开远天华生物产业有限公司；佐藤淳一	2019/12/19
CNA014191G	CNA20170793.8	精卡明	菊属	日本益农奇精兴园株式会社	2019/12/19
CNA014192G	CNA20170795.6	精罗卡	菊属	日本益农奇精兴园株式会社	2019/12/19
CNA014193G	CNA20173182.1	云月锦	菊属	云南丰岛花卉有限公司；开远丰岛花卉有限公司；云南省农业科学院花卉研究所	2019/12/19
CNA014194G	CNA20173183.0	云月姬	菊属	云南丰岛花卉有限公司；开远丰岛花卉有限公司；云南省农业科学院花卉研究所	2019/12/19
CNA014195G	CNA20173185.8	紫云舒	菊属	开远丰岛花卉有限公司；云南丰岛花卉有限公司；云南省农业科学院花卉研究所	2019/12/19
CNA014196G	CNA20173186.7	焰云舒	菊属	开远丰岛花卉有限公司；云南丰岛花卉有限公司；云南省农业科学院花卉研究所	2019/12/19
CNA014197G	CNA20173187.6	小半	菊属	开远丰岛花卉有限公司；云南丰岛花卉有限公司	2019/12/19
CNA014198G	CNA20173188.5	初音	菊属	云南省农业科学院花卉研究所；开远丰岛花卉有限公司；云南丰岛花卉有限公司	2019/12/19
CNA014199G	CNA20173189.4	炎欢	菊属	云南省农业科学院花卉研究所；开远丰岛花卉有限公司；云南丰岛花卉有限公司	2019/12/19
CNA014200G	CNA20183197.3	夏妆	菊属	中国农业大学	2019/12/19
CNA014201G	CNA20183198.2	粉地锦	菊属	中国农业大学	2019/12/19
CNA014202G	CNA20183199.1	雪映霞光	菊属	中国农业大学	2019/12/19
CNA014203G	CNA20183200.8	杏芳	菊属	中国农业大学	2019/12/19
CNA014204G	CNA20183441.7	吉庆	菊属	中国农业大学	2019/12/19
CNA014205G	CNA20161971.1	明卉紫霞	非洲菊	三明市农业科学研究院	2019/12/19
CNA014206G	CNA20161973.9	明卉傲阳	非洲菊	三明市农业科学研究院	2019/12/19
CNA014207G	CNA20172596.3	语粉	非洲菊	云南省农业科学院花卉研究所；玉溪云星生物科技有限公司	2019/12/19
CNA014208G	CNA20172597.2	语红	非洲菊	云南省农业科学院花卉研究所；玉溪云星生物科技有限公司	2019/12/19
CNA014209G	CNA20172598.1	紫韵	非洲菊	玉溪云星生物科技有限公司；云南省农业科学院花卉研究所	2019/12/19
CNA014210G	CNA20172197.6	芭蕾	百合属	云南省农业科学院花卉研究所	2019/12/19
CNA014211G	CNA20172198.5	秘境	百合属	云南省农业科学院花卉研究所	2019/12/19
CNA014212G	CNA20170417.4	BRESA13699	石竹属	日本富士植物株式会社	2019/12/19

（续）

公告号	品种权号	品种名称	植物属种	品种权人	授权日
CNA014213G	CNA20170418.3	BRESD16257	石竹属	日本富士植物株式会社	2019/12/19
CNA014214G	CNA20170419.2	BRESE16724	石竹属	日本富士植物株式会社	2019/12/19
CNA014215G	CNA20121115.2	安祖伊兰达	花烛属	荷兰安祖公司	2019/12/19
CNA014216G	CNA20121185.7	安祖尤好波	花烛属	荷兰安祖公司	2019/12/19
CNA014217G	CNA20162147.8	安祖艾尔比	花烛属	荷兰安祖公司	2019/12/19
CNA014218G	CNA20162148.7	安祖来帕姆	花烛属	荷兰安祖公司	2019/12/19
CNA014219G	CNA20162149.6	安祖朵扎吉	花烛属	荷兰安祖公司	2019/12/19
CNA014220G	CNA20162150.2	安祖杜巴克	花烛属	荷兰安祖公司	2019/12/19
CNA014221G	CNA20162151.1	安祖朵希尔	花烛属	荷兰安祖公司	2019/12/19
CNA014222G	CNA20162154.8	安祖朵麦尔	花烛属	荷兰安祖公司	2019/12/19
CNA014223G	CNA20162155.7	安祖朵思朵	花烛属	荷兰安祖公司	2019/12/19
CNA014224G	CNA20162157.5	安祖伊奎波	花烛属	荷兰安祖公司	2019/12/19
CNA014225G	CNA20162158.4	安祖奥克马	花烛属	荷兰安祖公司	2019/12/19
CNA014226G	CNA20162159.3	安祖艾莫夫	花烛属	荷兰安祖公司	2019/12/19
CNA014227G	CNA20170513.7	粉黛	花烛属	浙江省农业科学院花卉研究开发中心	2019/12/19
CNA014228G	CNA20170514.6	红蝶	花烛属	浙江省农业科学院花卉研究开发中心	2019/12/19
CNA014229G	CNA20171638.5	明农白凤	花烛属	三明市农业科学研究院	2019/12/19
CNA014230G	CNA20173113.5	安祖达孜慕	花烛属	荷兰安祖公司	2019/12/19
CNA014231G	CNA20173114.4	安祖伊奥西	花烛属	荷兰安祖公司	2019/12/19
CNA014232G	CNA20173115.3	安祖易思佳	花烛属	荷兰安祖公司	2019/12/19
CNA014233G	CNA20173116.2	安祖伊维斯	花烛属	荷兰安祖公司	2019/12/19
CNA014234G	CNA20173118.0	安祖尔再克	花烛属	荷兰安祖公司	2019/12/19
CNA014235G	CNA20173119.9	安祖伊科威	花烛属	荷兰安祖公司	2019/12/19
CNA014236G	CNA20173120.6	安祖印顿	花烛属	荷兰安祖公司	2019/12/19
CNA014237G	CNA20173121.5	安祖伊乌奇	花烛属	荷兰安祖公司	2019/12/19
CNA014238G	CNA20173122.4	安祖杜卡	花烛属	荷兰安祖公司	2019/12/19
CNA014239G	CNA20173171.4	安祖珐喜	花烛属	荷兰安祖公司	2019/12/19
CNA014240G	CNA20184428.2	夏焰	花烛属	广东省广州市卉通农业科技有限公司	2019/12/19
CNA014241G	CNA20170089.1	桑蓓斯 SAKIMP029	新几内亚凤仙花	坂田种苗株式会社	2019/12/19
CNA014242G	CNA20170687.7	桑蓓斯 SAKIMP035	新几内亚凤仙花	坂田种苗株式会社	2019/12/19

（续）

公告号	品种权号	品种名称	植物属种	品种权人	授权日
CNA014243G	CNA20160419.3	KROUTOR01	秋海棠属	荷兰科比品种权公司	2019/12/19
CNA014244G	CNA20162072.7	华尔兹	秋海棠属	云南省农业科学院花卉研究所	2019/12/19
CNA014245G	CNA20170699.3	贝肯贝普	秋海棠属	荷兰贝肯坎普植物有限公司	2019/12/19
CNA014246G	CNA20170700.0	贝肯普克姆	秋海棠属	荷兰贝肯坎普植物有限公司	2019/12/19
CNA014247G	CNA20172003.0	贝肯柏科	秋海棠属	荷兰贝肯坎普植物有限公司	2019/12/19
CNA014248G	CNA20172004.9	贝肯柏斯	秋海棠属	荷兰贝肯坎普植物有限公司	2019/12/19
CNA014249G	CNA20181051.2	红拖鞋	秋海棠属	美国特拉诺娃苗圃	2019/12/19
CNA014250G	CNA20181917.6	KRILOOR02	秋海棠属	荷兰科比品种权公司	2019/12/19
CNA014251G	CNA20150392.5	众翠	梨属	上海市农业科学院	2019/12/19
CNA014252G	CNA20110941.5	MIB001	草莓	井上石灰工业株式会社	2019/12/19
CNA014253G	CNA20170892.8	粤橘1号	柑橘属	广东省农业科学院果树研究所	2019/12/19
CNA014254G	CNA20170893.7	华丰甜橘	柑橘属	广东省农业科学院果树研究所	2019/12/19
CNA014255G	CNA20173246.5	宗橙	柑橘属	华中农业大学；秭归县柑橘良种繁育中心；秭归县归州镇农业技术服务中心	2019/12/19
CNA014256G	CNA20161297.8	申悦	葡萄属	上海市农业科学院	2019/12/19
CNA014257G	CNA20161298.7	申雅	葡萄属	上海市农业科学院	2019/12/19
CNA014258G	CNA20180141.6	南天红	香蕉	广东省农业科学院果树研究所	2019/12/19
CNA014259G	CNA20180144.3	佳丽	香蕉	广东省农业科学院果树研究所	2019/12/19
CNA014260G	CNA20181779.3	早荔1号	荔枝	华南农业大学	2019/12/19
CNA014261G	CNA20182118.1	磨山雄1号	猕猴桃属	中国科学院武汉植物园	2019/12/19
CNA014262G	CNA20182119.0	磨山雄2号	猕猴桃属	中国科学院武汉植物园	2019/12/19
CNA014263G	CNA20182120.7	磨山雄3号	猕猴桃属	中国科学院武汉植物园	2019/12/19
CNA014264G	CNA20182121.6	磨山雄5号	猕猴桃属	中国科学院武汉植物园	2019/12/19
CNA014265G	CNA20151372.7	中茶140	茶组	中国农业科学院茶叶研究所	2019/12/19
CNA014266G	CNA20151373.6	中茶141	茶组	中国农业科学院茶叶研究所	2019/12/19
CNA014267G	CNA20151374.5	中茶142	茶组	中国农业科学院茶叶研究所	2019/12/19
CNA014268G	CNA20173292.8	中茶145	茶组	中国农业科学院茶叶研究所	2019/12/19
CNA014269G	CNA20173293.7	中茶146	茶组	中国农业科学院茶叶研究所	2019/12/19
CNA014270G	CNA20160684.1	SH363	向日葵	三瑞农业科技股份有限公司	2019/12/19
CNA014271G	CNA20161180.8	三瑞6号	向日葵	三瑞农业科技股份有限公司	2019/12/19
CNA014272G	CNA20161181.7	SH361	向日葵	三瑞农业科技股份有限公司	2019/12/19
CNA014273G	CNA20160744.9	亿丰	蓖麻	凯伊玛农业生物技术公司	2019/12/19

（续）

公告号	品种权号	品种名称	植物属种	品种权人	授权日
CNA014274G	CNA20160745.8	亿凯	蓖麻	凯伊玛农业生物技术公司	2019/12/19
CNA014275G	CNA20160746.7	凯丰1号	蓖麻	凯伊玛农业生物技术公司	2019/12/19
CNA014276G	CNA20160747.6	凯丰4号	蓖麻	凯伊玛农业生物技术公司	2019/12/19
CNA014277G	CNA20161147.0	广良1号	丝瓜属	广东省良种引进服务公司	2019/12/19
CNA014278G	CNA20161150.4	广良20号	丝瓜属	广东省良种引进服务公司	2019/12/19
CNA014279G	CNA20182243.9	玉玲珑	凤梨属	中国热带农业科学院热带作物品种资源研究所	2019/12/19
CNA014280G	CNA20162444.8	阿凡切	石斛属	日本国山本石斛兰株式会社	2019/12/19
CNA014281G	CNA20162445.7	拉乌莱特	石斛属	日本国山本石斛兰株式会社	2019/12/19
CNA014282G	CNA20172343.9	绿莹	石斛属	广西壮族自治区林业科学研究院	2019/12/19
CNA014283G	CNA20162069.2	惠农八号	甜菊（甜叶菊）	安徽蚌埠永生农业科技有限公司	2019/12/19

图书在版编目（CIP）数据

2019年农业植物新品种保护发展报告／农业农村部植物新品种保护办公室，农业农村部科技发展中心编．—北京：中国农业出版社，2022.3
ISBN 978-7-109-29202-4

Ⅰ.①2… Ⅱ.①农…②农… Ⅲ.①作物－品种－知识产权保护－研究报告－中国－2019 Ⅳ.①D923.404

中国版本图书馆CIP数据核字（2022）第040362号

中国农业出版社出版
地址：北京市朝阳区麦子店街18号楼
邮编：100125
责任编辑：李昕昱　陈　亭
版式设计：王　怡　　责任校对：刘丽香　　责任印制：王　宏
印刷：中农印务有限公司
版次：2022年3月第1版
印次：2022年3月北京第1次印刷
发行：新华书店北京发行所
开本：889mm×1194mm　1/16
印张：10.5
字数：205千字
定价：108.00元
